“大运河人物故事”丛书

丛书主编 张廷皓

北方大运河开拓者

曹操

陆 帅 赵 壮 著

南京出版传媒集团 南京出版社

图书在版编目（CIP）数据

北方大运河开拓者——曹操 / 陆帅，赵壮著.
南京：南京出版社，2025. 3. --（“大运河人物故事”
丛书）. -- ISBN 978-7-5533-5178-0

Ⅰ. K827=342

中国国家版本馆CIP数据核字第2025EF9607号

丛 书 名 大运河人物故事
丛书主编 张廷皓
书　　名 北方大运河开拓者——曹操
作　　者 陆　帅　赵　壮
出版发行 南京出版传媒集团
南　京　出　版　社
社　　址 南京市玄武区太平门街53号
邮　　编 210016
联系电话 025-83283873、83283864（营销）　025-83112257（编务）

策划统筹 卢海鸣　徐　智
责任编辑 徐　智
装帧设计 王　俊　张　淼
责任印制 杨福彬

排　　版 南京新华丰制版有限公司
印　　刷 江苏扬中印刷有限公司
开　　本 787毫米×1092毫米　1/32
印　　张 3.5
字　　数 54千
版　　次 2025年3月第1版
印　　次 2025年3月第1次印刷
书　　号 ISBN 978-7-5533-5178-0
定　　价 15.00元

总 序

大运河是中国人民的伟大创造。这条始建于公元前486年的人工水道，作为中国历史上贯穿南北的大动脉，集漕粮运输、商旅交通、军资调配、水利灌溉等功能于一身，不但加强了全国各地区间的政治、经济联系和文化交流，维护了多民族大一统国家的稳定和发展，而且使北方的丝绸之路和南方的海上丝绸之路在古老大陆的东方形成了闭环，因而具有世界意义。时至今日，大运河沿岸遍布城镇、码头、仓库、船闸、桥梁、堤坝等各类遗存，构成了中国乃至世界范围内罕见的线性文化带，并成功地在2014年6月22日第38届世界遗产大会上入选《世界遗产名录》。2017年6月，习近平总书记对建设大运河文化带作出重要指示，指出“大运河是祖先留给我们的宝贵遗产，是流动的文化，要统筹保护好、传承好、利用好”。2019年2月，中共中央办公厅、国务院办公厅联合印发《大运河文化保护传承利用规划纲要》，就进一步保护好、传承好、利用好大运河沿线的丰富文化遗产提出了明确要求。

回顾大运河萌芽、发展和演变的过程，诸如国家政策、政治形势、军事需要、地理环境等，虽然也都会对其历史变迁产生一定程度的影响，但从根本上来看，“人”的作用往往显得更为重要。千百年来，大运河的规划者、开凿者、建设者、管理者、治理者，以及其他与大运河有关的各类人物，凭借着不拘一格的思考方式、与时俱进的思维理念、突破常规的制度创新、因地制宜的技术方法革新，比较圆满地解决了大运河形成过程中所遇到的自然、运输和管理等一系列问题，实现了大运河从地区性到整体性、临时性到制度性、零散性到系统性的质变。这些大运河历史上涌现出的杰出人物，作为创造、改变和塑造大运河的主体和关键，其思想观念中闪烁着的智慧光芒，和一言一行中表现出的担当作为，不仅是大运河历史上无比珍贵的宝藏，同时也是彰显和传播中华民族灿烂文明的重要文化遗产，值得我们进一步挖掘和弘扬。

与蔚为大观的河道变迁、漕运制度、城镇商业、文化风俗等成果相比，有关大运河人物的研究相对薄弱。为了展现大运河深厚而丰富的文化内涵，传承和弘扬中华优秀传统文化，南京出版传媒集团（南京出版社）决定推出一套“大运河人物故事”丛书。这套面向广大青少年读者的普及性读物，精选历代与大运河有关的著名人物，时间上从春秋战国直至民国时期，空间上则覆盖隋唐大运河、京杭大运河和浙东运河。每册均邀请学有专长的作者撰写，力图在准确把握史实的基础上，用生动活泼的语言文字，引人入胜的故事情节，丰富多彩的知识拓展，刻画每一位大运河人物的主要经历，涉及凿河规划、水利建设、漕运管理、治运思想与实践、研究著述以及后世影响等，在折射大运河变迁轨迹的同时，充分展现出这些人物与大运河的密切关系，以及对大运河的变迁所发挥的作用。

青少年是国家的未来和民族的希望，肩负着实现中华民族伟大复兴、建设社会主义现代化强国的历史重任。近年来，南京出版传媒集团（南京出版社）先后推出了“抵御外侮——中华英豪传奇”“抗战十四年·中华儿女传奇”等多套青少年读物，在培养青少年爱国主义精神、培育和践行社会主义核心价值观等方面，起到了十分积极的作用。衷心希望“大运河人物故事”丛书能成为广大青少年认识和了解大运河历史文化的良师益友，在深化他们对大运河文化内涵认知的同时，展现中华民族的聪明才智和中华文明的灿烂辉煌，为他们的健康成长树立文化自信，使之成为将来建设国家的栋梁之材。

张廷皓

（作者系中国文物学会大运河专业委员会主任委员、中国文化遗产研究院原院长）

目 录

第三章　平定河北通白沟

第四章　远征乌桓开三河

第五章　定都邺城治利漕

引　言

三国，是乱世，更是豪杰、英雄辈出的时代。在三国历史舞台上驰骋的英杰，有关羽、张飞这样的勇武将军，也有诸葛亮、周瑜这样的足智多谋之士。而才兼文武、立于三国时代顶端的，唯有一人，那便是曹魏政权的奠基者——魏武帝曹操。

作为中国古代杰出的政治家、军事家、文学家、书法家，古往今来，曹操的霸业、人格魅力，为人们所敬佩、效法。陈寿在《三国志》中说曹操是“非常之人，超世之杰”，鲁迅先生也曾说：“曹操是一个很有本事的人，至少是一个英雄。我虽不是曹操一党，但无论如何，总是非常佩服他。”更不用提毛主席也曾赋诗向曹操致敬：“往事越千年，魏武挥鞭，东临碣石有遗篇。”在政治上，曹操用人唯才，打击豪强势力，强化中央集权。更为重要的是，曹操在执政期间，于北方地区大力发展农业，使经济逐步恢复，为百姓安居乐业、社会发展与稳定做出了巨大贡献。其中一项主要工作，就是修筑运河，经营水利。

从建安七年（202）为平定河北而修建睢阳渠，到建安二十五年（220）去世，在近二十年的时间内，曹操先后开凿或治理了睢阳渠、白沟、平虏渠、泉州渠、新河、利漕渠等一系列水道，用以运输物资、便利交通。这些水道不仅为曹操统一北方的战争提供了物资保障，也促进了周边地区的经济发展。同时，经过后世的改造修缮，这些水道也构成了今天京杭大运河北方段的基础。毫不夸张地说，曹操是北方大运河的重要开拓者。

进入新时代，在以习近平同志为核心的党中央引领推动下，作为中国优秀文化遗产的重要组成部分，大运河保护、传承、利用不断取得新进展。习近平总书记指出，“千百年来，运河滋养两岸城市和人民，是运河两岸人民的致富河、幸福河。希望大家共同保护好大运河，使运河永远造福人民”。总书记的殷殷嘱托，大家时刻铭记在心。在国家大力推动大运河保护、传承、利用的时代大背景下，曹操主持开凿或治理的古老水道，也正在焕发新的生机与活力。

本书共分为七个章节，试图以曹操的人生历程为经，以他主持开凿或治理的运河工程为纬，为读者展现作为水利建设者的曹操的形象。相信通过阅读这本书，读者脑海中的曹操形象会更加立体、丰满。

第一章　乱世纷争豪杰出

年少机警，任侠公子

曹操，字孟德，沛国谯县（今安徽省亳州市）人。据《三国志·武帝纪》的说法，曹操是西汉相国曹参的后人。不过，根据现存文献，并不能还原出从曹参到曹操的完整世系，因此这一说法或需存疑。现在能够确定的是，曹操的父亲是曹嵩，而曹嵩则是宦官曹腾的养子。曹腾历侍东汉四代皇帝，颇有名望，因而在汉桓帝时被封为费亭侯。曹腾死后，曹嵩继承了他的爵位。汉灵

曹操像（《三才图会》）

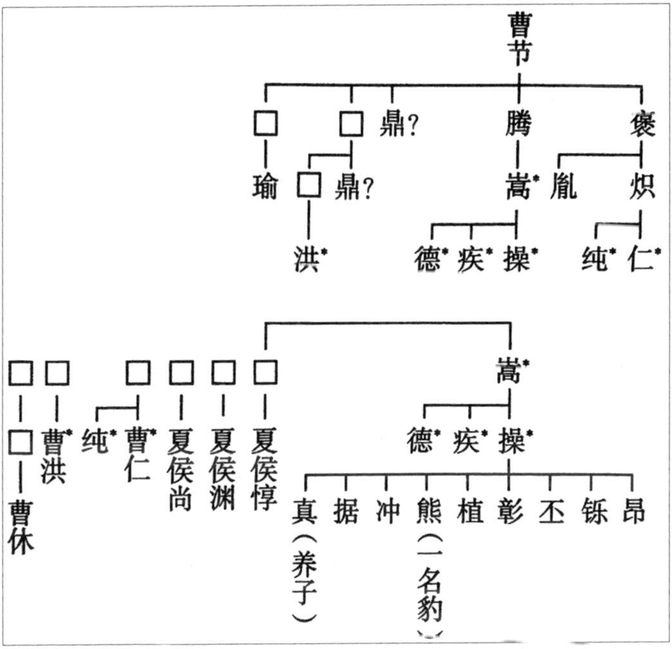

曹腾、曹操一族（标＊的表示系同一人）（《曹操》）

帝时，曹嵩官至太尉。

与汉末三国时期的很多英雄人物一样，曹操自幼就展现出一些异于常人之处。《三国志·武帝纪》形容他年少时“机警，有权数，而任侠放荡，不治行业”。据说曹操年轻的时候喜爱驾鹰驱狗打猎，整日外出游玩。他的叔父屡次在曹嵩面前诉说他的不端行为，曹操为此颇为苦恼。有一次，曹操在路上遇到他的叔父，就装出

小贴士：《三国志》

《三国志》是西晋史学家陈寿撰写的记载三国时期的曹魏、蜀汉、东吴历史的纪传体史书，与《史记》《汉书》《后汉书》并称为“前四史”，是今人了解汉末及三国历史的基础史料。《三国志》由《魏书》三十卷、《蜀书》十五卷和《吴书》二十卷三部分组成，共计六十五卷。由于曹丕代汉建魏，刘备（蜀汉）与孙权（东吴）亦相继称帝。陈寿遂从事实出发，分国编纂、记述这一时期的历史，使《三国志》在纪传体史书中别创一格。《三国志》实际记载了从汉末黄巾起义（公元184年）到西晋统一（公元280年）近百年的历史。由于陈寿工于叙事且文笔生动、简洁，《三国志》问世后，其他各种记载三国史事的史书相继销声匿迹，唯有它流传后世。不过，《三国志》的记载有时过于简略。到了南朝刘宋时，裴松之为《三国志》做注释，补充了大量材料，大大丰富了《三国志》的内容。今天我们所熟知的三国典故，有相当一部分就是出自裴松之的注释。

一副脸歪口斜的样子。叔父觉得很奇怪，就问曹操怎么了，曹操说：“我突然患了恶性中风。”叔父赶紧把这

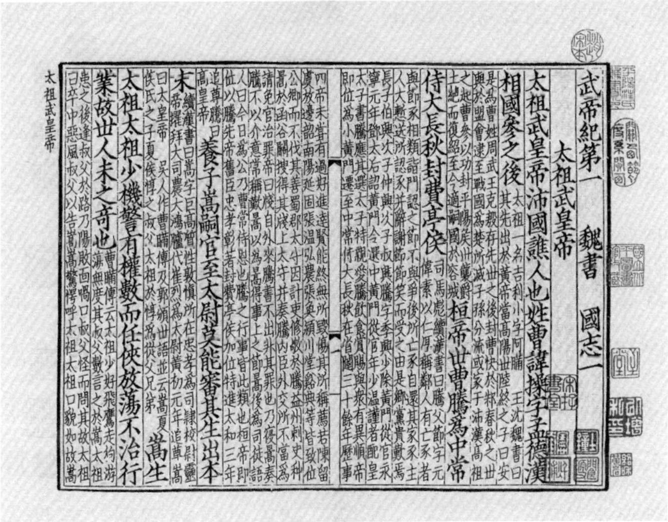
武帝紀第一　魏書　國志一
太祖武皇帝
太祖武皇帝沛國譙人也姓曹諱操字孟德漢
相國參之後太祖一名吉利小字阿瞞　王沈魏書曰其先出於黃帝當高陽世陸終之子曰安
是爲曹姓周武王克殷存先世之後封曹俠於邾春秋之世與於盟會逮至戰國爲楚所滅子孫分流或家于沛漢高祖
之起曹參以功封平陽侯世襲爵土絕而復紹至今適嗣國於容城桓帝世曹騰爲中常
侍大長秋封費亭侯司馬彪續漢書曰騰父節字元偉素以仁厚稱鄰人有亡豕者
與節豕相類詣門認之節不與爭後所亡豕自還其家豕主
人大慙送所認豕并辭謝節節笑而受之由是鄉黨貴歎焉
長子伯興次子仲興次子叔興騰字季興少除黃門從官永
寧元年鄧太后詔黃門令選中黃門從官年少溫謹者配皇
太子書騰應其選太子特親愛騰飲食賞賜與衆有異順帝
即位爲小黃門遷至中常侍大長秋在省闥三十餘年歷事
四帝未嘗有過好進達賢能終無所毀傷其所稱薦若陳留
虞放邊韶南陽延固張溫弘農張奐潁川堂谿典等皆致位
公卿而不伐其善蜀郡太守因計吏修敬於騰益州刺史种
暠於函谷關搜得其牋上太守并奏騰內臣外交所不當爲
請免官治罪帝曰牋自外來騰書不出非其罪也乃寢暠奏
騰不以介意常稱歎暠以爲暠得事上之節暠後爲司徒語
人曰今日爲公乃曹常侍恩也騰之行事皆此類也桓帝即
位以騰先帝舊臣忠孝彰著封費亭侯加位特進太和三年
追尊騰曰高皇帝養子嵩嗣官至太尉莫能審其生出本
末續漢書曰嵩字巨高質性敦慎所在忠孝爲司隸校尉靈帝擢拜大司農大鴻臚代崔烈爲太尉黃初元年追尊嵩
曰太皇帝　吳人作曹瞞傳及郭頒世語並云嵩夏侯氏之子夏侯惇之叔父太祖於惇爲從父兄弟嵩生
太祖太祖少機警有權數而任俠放蕩不治行
業故世人未之奇也曹瞞傳云太祖少好飛鷹走狗游蕩無度其叔父數言之於嵩太祖
患之後逢叔父於路乃陽敗面喎口叔父怪而問其故太祖
曰卒中惡風叔父以告嵩嵩驚愕呼太祖太祖口貌如故嵩
太祖武皇帝

《三国志·武帝纪》书影（宋刻本）

事告诉了曹嵩。曹嵩也吃了一惊，就把曹操叫来，但曹操的面容已经恢复到和原来一样了。曹嵩很奇怪，就问：“你叔父说你中了风，现在病已经好了吗？”曹操说：“我本来就没有中风，只不过不被叔父喜欢，所以他在您面前说我的坏话。”曹嵩于是对曹操的叔父产生了怀疑，此后便不再相信曹操叔父所告知的事情，而曹操也就得以更加为所欲为了。

曹操所处的东汉末年，正是盛行人物品评风气的时代，其中最有名的当数汝南（位于今河南省驻马店市）

许靖、许劭兄弟组织的“月旦评”。由于当时朝政混乱、奸邪当道、吏治腐败，为了整治风气、抑恶扬善，许靖、许劭兄弟开设讲坛，于每月的初一（月旦）命题清议，故称为“月旦评”。月旦评主要评论乡党，褒贬时政，不虚美，不隐恶，不中伤，辨人之好坏，分忠奸善恶，当时人物无论在朝在野，皆在品评之列。由于品评结果往往能在事后得到验证，众人均信服。一旦有人得到好评，就会名声大振。一时间，四方名士皆慕名而来，都以能够得到二许的一字评价为荣。曹操也在这群慕名者之列。有一次，曹操见到许劭，就问他“我是一个怎样的人”，许劭沉默不答。曹操又坚持问了好几次，许劭才说：“你是治世之能臣，乱世之奸雄。”曹操听罢大笑。

陈留起兵，崭露头角

中平六年（189），汉灵帝刘宏病死，少帝刘辩继位，由外戚大将军何进辅政。由于当时以“十常侍”为代表的宦官专擅朝政，何进遂与贵族袁绍等人合谋诛杀宦官。为了确保成事，何进不顾朝臣反对，私召凉州军阀董卓率凉州军入京，以协助诛杀宦官。结果，何进计划不密，反被张让等宦官所杀。袁绍带兵入宫，虽杀尽宦官，但董卓引军进入洛阳（今河南省洛阳市）后趁机控制了少帝刘辩和陈留王刘协，实际上掌握了朝政。董卓不顾群臣反对，废黜少帝，另立陈留王为帝（即汉献帝），又鸩杀了何太后，自封为相国。他在洛阳推行恐怖统治，纵容士兵奸淫掳掠、烧杀抢劫，连皇族、公主、宫人也不能幸免。一时间，朝廷上下人心惶惶，百姓对董卓恨之入骨，这也激起了各地群雄的痛恨。

当时，曹操正在洛阳任典军校尉。董卓想封他做骁骑校尉，招至自己麾下。但曹操见董卓废帝弑后，倒行逆施，不愿与其合作，就改姓易名，逃出洛阳，来到了陈留（今河南省开封市）。他在陈留“散家财，合义兵”，号召天下各路豪杰联合起来起兵讨董，一时间群雄响应。初平元年（190）正月，后将军袁术、冀州牧韩馥、豫州刺史孔伷、兖州刺史刘岱、河内太守王匡、渤海太守袁绍、陈留太守张邈、东郡太守桥瑁、山阳太守袁遗、济北相鲍信等各路诸侯一同举兵于关东。众人共推袁绍为盟主，曹操行奋武将军事。讨董联军大有一举攻占洛阳、诛杀董卓之势。

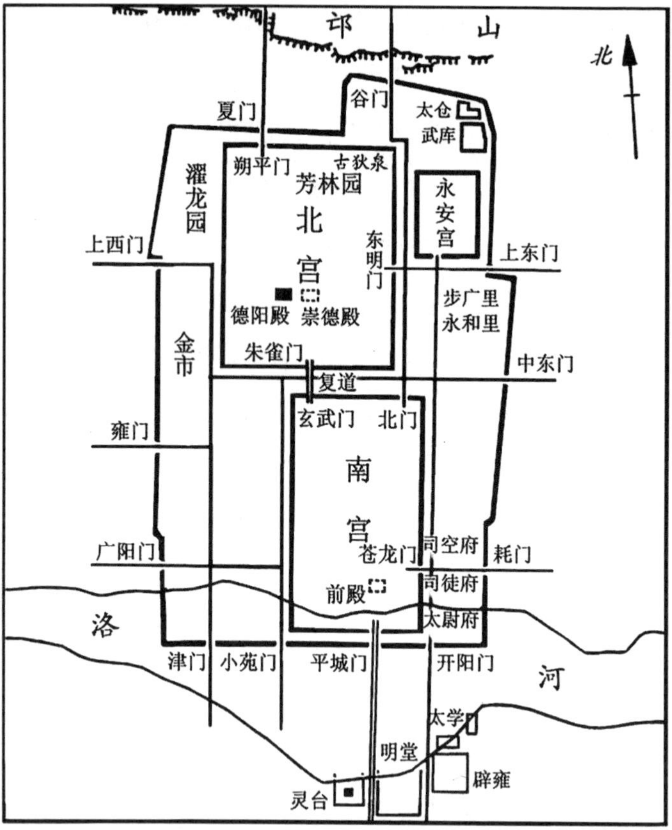

东汉洛阳城复原示意图（《洛阳两汉彩画》）

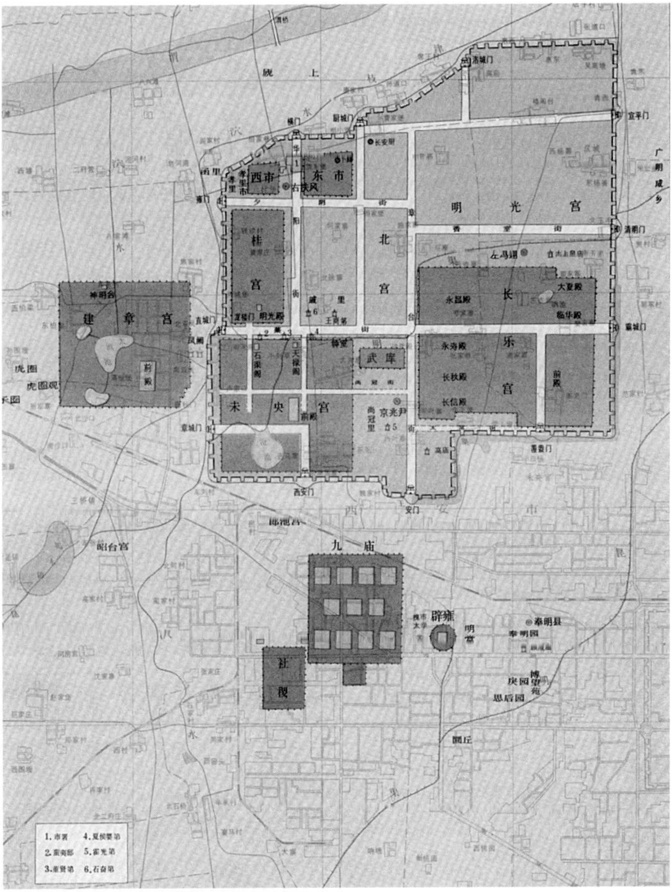

西汉长安城平面复原图(《西安历史地图集》)

面对声势浩大的联军，董卓决定放弃当时的都城洛阳，胁迫汉献帝迁都长安（今陕西省西安市周边），并焚毁洛阳宫殿，挖开王陵，劫掠百姓。洛阳方圆两百里内，竟是一片荒芜凋敝，人烟难寻。

按理说，董卓放弃洛阳迁都长安，在士气上首先就示了弱。关东联军如果此时一鼓作气，是很有可能一举消灭董卓的。但事实是，联军虽然声势很浩大，却惧怕董卓部下凉州军精锐的战斗力，无人敢向关西推进。对此曹操十分不满，他对各路诸侯说：

> 我们兴义兵是为了剪除暴乱。如今大军已经汇合，诸位还有什么顾虑？假如董卓得知山东起兵后，凭恃天子圣威，据守洛阳一带的险要，派军队向东进发，那么尽管他的行动有违道义，但于我们而言仍是很大的忧患。而现在董卓焚烧宫室，挟持天子西迁，海内震动，百姓莫知归属。这正是上天要董卓灭亡之时，一战而天下可定，机不可失。

于是曹操引军西进，即将进据成皋（位于今河南省郑州市荥阳市）。张邈也派部将卫兹率军跟随曹操。曹

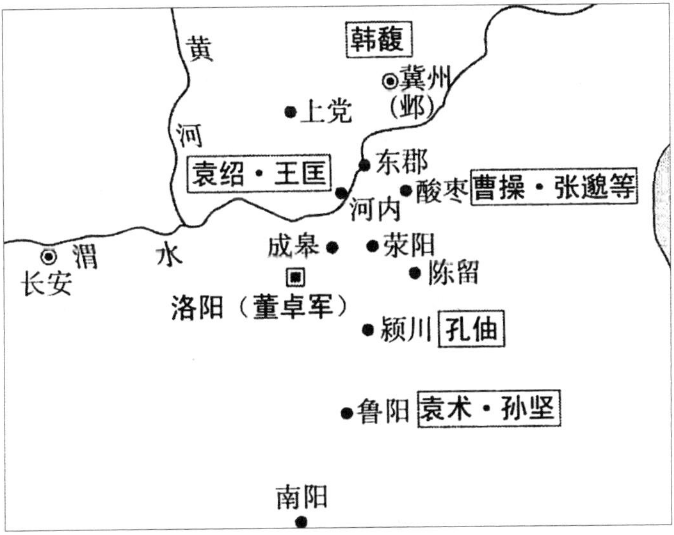

与董卓军对阵的关东诸侯（《三国志的世界：后汉、三国时代》）

操行至荥阳汴水，与董卓的部将徐荣遭遇。双方大战，结果曹操被徐荣打得大败，士卒伤亡颇多。曹操自己被流矢所伤，他所骑的战马也受了伤。堂弟曹洪将马让给曹操，才使曹操幸免于难。徐荣见曹操虽士卒不多却能力战许久，认为酸枣（位于今河南省新乡市）不易攻下，便也引兵撤回。

曹操回至酸枣后，见各路诸侯仍然日日饮酒作乐，不思进取，非常失望，于是责备他们：

诸位听我之计，让袁绍盟主引河内之众兵临孟津，酸枣众将取成皋、据敖仓，封堵轩辕、太谷，全数占领险要之地；袁术将军率南阳大军进军丹、析，攻入武关，震动三辅。然后，我们均深沟高垒，不与董卓交战，再设下疑兵，让天下看到我们的优势，加入我们讨伐逆贼，如此天下可以立马平定。我们举兵本是为了大义，如今却迟疑不肯进，令天下失望，我为诸位感到羞耻！

曹操的判断是准确的，但关东诸军名义上是讨伐董卓，实际上各自心怀鬼胎，都妄图伺机发展自己的势力，因此不愿听从曹操的想法，也不愿率先出兵。不久，诸军之间又发生摩擦，相互火并。声势浩大的关东联军终于瓦解了。

初据兖州，迎驾迁许

关东联军瓦解后，曹操士卒不多，就和夏侯惇一起到扬州募兵。虽然也招募了一些人马，但始终没能组建起一支稳定的、有较强战斗力的军队。在群雄纷争、天下大乱的年代，曹操的处境无疑比较艰难。

事情的转折发生在初平三年（192）。这一年，青州的黄巾军得到较大发展，一连击破兖州数个郡县，并斩杀了刺史刘岱，济北相鲍信等人就拥立曹操领兖州牧。曹操和鲍信会合后，共同率军进攻黄巾，战于寿张（位于今山东省泰安市）之东，鲍信战死，曹操则“设奇伏，昼夜会战”（《三国志·武帝纪》），终于将黄巾军击败。当年冬天，他获得降卒三十余万，而人口总数更是达到百余万之多。曹操收其精锐，组成军队，号称“青州兵”。这样，曹操就获得了一支规模较大且颇具战斗力的军队。

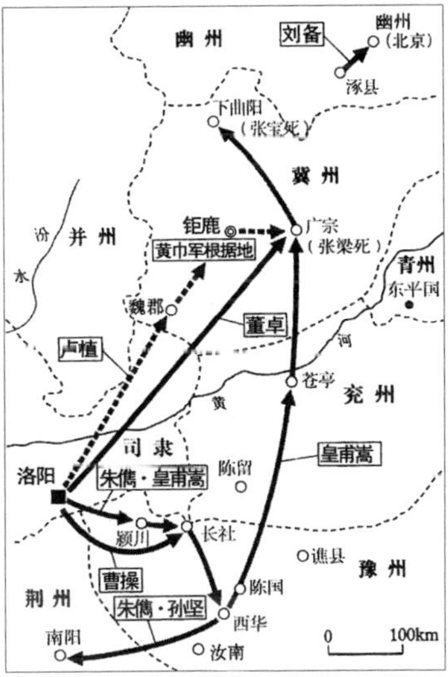

镇压黄巾之乱进军路线图(《三国志的世界：后汉、三国时代》)

大约就在此时，曹操父亲曹嵩和曹嵩少子曹德想去投奔曹操，却在路上被徐州刺史陶谦派人杀死。曹操遂于初平四年（193）秋率军征讨陶谦，开始向东南方扩张势力。曹操军队势如破竹，一连攻克徐州十余座城池，并与陶谦于彭城（今江苏省徐州市）大战。陶谦军败走，《后汉书·陶谦传》记载当时曹操“凡杀男女数十万人，鸡犬无余，泗水为之不流”。此战过后，陶谦退守郯县（位于今山东省临沂市），不敢出战。不久，曹操军粮亦将尽，遂撤围回军。

兴平元年（194）夏，曹操又一次出兵徐州，所经之地仍然多有杀戮。东郡守备陈宫一直对曹操不满，就和陈留太守张邈、张邈之弟张超等人密谋迎立吕布为兖

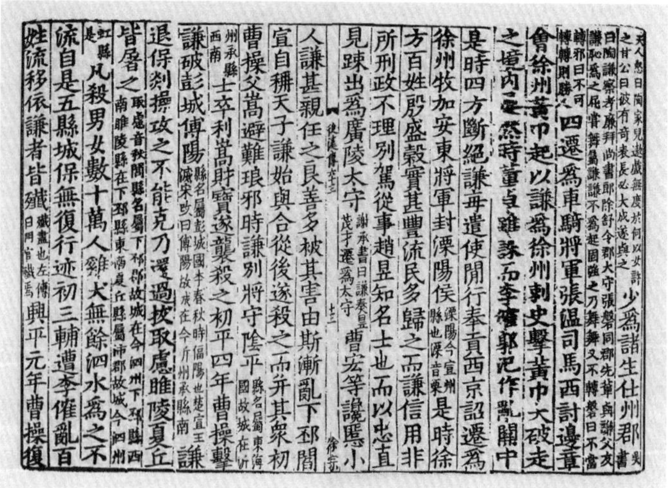
天人怒曰陶家兒遨戲無度於何以女許之甘公曰彼有奇表長必大成遂與之少爲諸生仕州郡吳書
曰陶謙察孝廉拜尚書郎除舒令郡大守張磐同郡先輩與謙父友謙恥爲之屈嘗舞屬謙謙不爲起固強之乃舞舞又不轉磐曰不當轉邪曰不可轉轉則勝人四遷爲車騎將軍張溫司馬西討邊章
會徐州黃巾起以謙爲徐州刺史擊黃巾大破走
之境內晏然時董卓雖誅而李傕郭汜作亂關中
是時四方斷絕謙每遣使閒行奉貢西京詔遷爲
徐州牧加安東將軍封溧陽侯溧陽今宣州縣也溧音栗是時徐
方百姓殷盛穀實甚豐流民多歸之而謙信用非
所刑政不理別駕從事趙昱知名士也而以忠直
見疏出爲廣陵太守謝承書曰謙奏昱茂才遷爲太守曹宏等讒慝小
人謙甚親任之良善多被其害由斯漸亂下邳闕
宣自稱天子謙始與合從後遂殺之而并其衆初
曹操父嵩避難琅邪時謙別將守陰平縣名屬東海國故城在沂
州承縣西南士卒利嵩財寶遂襲殺之初平四年曹操擊
謙破彭城傅陽縣名屬彭城國本春秋時偪陽也楚宣王滅宋改曰傅陽故城在今沂州承縣南謙
退保郯操攻之不能克乃還過拔取慮睢陵夏丘
皆屠之取慮音秋閭縣名屬下邳郡故城在今泗州下邳縣西南睢陵縣在下邳縣東南夏丘縣屬沛郡故城今泗州
虹縣是凡殺男女數十萬人雞犬無餘泗水爲之不
流自是五縣城保無復行迹初三輔遭李傕亂百
姓流移依謙者皆殲殲盡也左傳曰門官殲焉興平元年曹操復

《后汉书·陶谦传》书影（宋刻本）

州牧。曹操的大本营兖州突然失守，只有鄄城（今山东省菏泽市鄄城县）和东郡的范县（今河南省濮阳市范县）、东阿（今山东省聊城市东阿县）两县尚在掌握之中，形势万分危急。曹操只得赶紧从徐州撤回。他听说吕布屯于濮阳（今河南省濮阳市），遂进军围攻濮阳。两军相持百余日，这时正值蝗灾大起，双方遂约定停

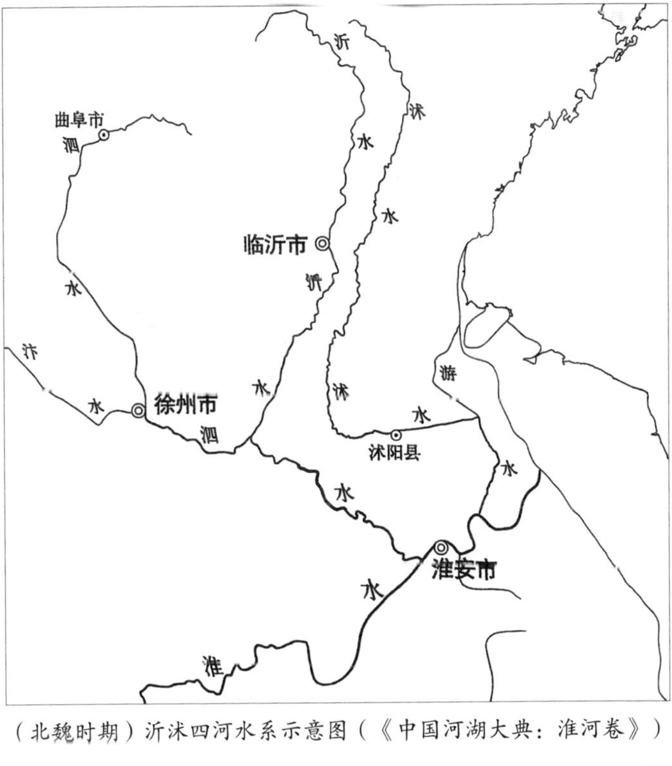

（北魏时期）沂沭四河水系示意图（《中国河湖大典：淮河卷》）

战，曹操军还鄄城。此时，曹操不仅失去了兖州，且军粮已尽，袁绍派人来劝说，想让曹操投靠他，举家迁到邺县（位于今河北省邯郸市临漳县）当人质。曹操本打算答应，但被谋士程昱劝阻，最终没有答应袁绍。

此后的兴平二年（195）战事又起，这年春天，曹操率军袭击定陶（今山东省菏泽市定陶区），济阴太守吴资拒守，曹操强攻不下。吕布率军前来，曹操将他击败。夏季，曹操又进军巨野（今山东省菏泽市巨野县），吕布率军救援，曹操再次击破吕布，斩杀屯驻巨野的薛兰等人。吕布会合陈宫，率领一万多人从东缗（位于今山东省济宁市金乡县）赶来，此时曹操士兵大多外出收麦了，留下的不足一千，营垒也不坚固。曹操让妇人守于城上以拒守吕布。由于营垒西边有一条大堤，南边则是幽深的树林，吕布怀疑曹操有埋伏，对部下说：“曹操诡计多端，切勿中了他的埋伏。”于是率兵驻扎在曹操营垒南边十多里的地方。次日，吕布再次前来，曹操令一半士兵藏在堤坝之内，另一半则在外诱敌。吕布进军，曹操派轻兵迎战，等到双方交战后，曹操伏兵突然出动，步骑并进。吕布军措手不及，大败而归，曹操缴获了吕布的鼓车，并一直追到吕布军营才返回。吕布连夜逃走，曹操乘胜追击，攻克定陶，并分兵平定其他诸县。吕布眼看无法抵抗，便前往徐州投奔刘备。张邈与吕布同行，留下张超驻守雍丘（今河南省开封市杞县）。八月，曹操围攻张超。十二月，曹操攻破雍丘，张超自杀。曹操夷灭张超三族，而张邈也在求救袁术的途中被部下所杀。至此，经过一年的苦战，兖州终于平定。

也就是在这一年，由于董卓的部将李傕、郭汜火并，汉献帝从长安东归，下诏让各路诸侯勤王。曹操的谋士毛玠和荀彧都建议曹操："宜奉天子以令不臣，修耕植，畜军资，如此则霸王之业可成也。"（《三国志·毛玠传》）意思是说，现在要想消灭各地的豪强军阀，完成统一天下的霸业，就必须实行两项政策：第一，要利用皇帝的名义号令天下，迫使那些对手服从；第二，要注意耕种，开垦荒地，积蓄军粮。曹操接纳了这些建议。

建安元年（196）八月，曹操亲自到洛阳迎接汉献帝。汉献帝在绝望中见到了曹操，很是高兴，遂封曹操为司隶校尉、录尚书事。不久，献帝一行迁都许县，先住在颍阴县城（位于今河南省许昌市）曹操的军营，后移驾修葺过的原许国宫城，并改许县为许都。

迎帝都许后，汉献帝封曹操为大将军，武平侯；封袁绍为太尉，邺城侯。袁绍以为，曹操乃是后来居上，官职却比自己高，坚决不同意。曹操考虑到自身实力尚不足以与袁绍抗衡，暂时还不能与袁绍决裂，就把大将军的职位让给袁绍，而让汉献帝封自己为司空，行车骑将军，录尚书事。虽然职位比袁绍要低，但仍是朝廷一等一的重臣。

客观来说，曹操迎汉献帝都许，是其一生中最重要的决策之一。这是因为，在中国古代，皇帝是人们心目中正统的代表。一旦控制了皇帝，就可以利用皇帝的名义号令天下，服从的人就是“忠义”，不服从的人就是“不臣”。与之形成鲜明对比的是，袁绍没有听从下属的意见迎接汉献帝，反而被曹操捷足先登。从此，曹操用皇帝的名义向各地豪强军阀发号施令，“奉天子以令不臣，仗节钺而讨四方”，掌握了政治上的主动权，而与曹操针锋相对的袁绍在政治和舆论上反而变得十分被动了。

第二章 北上兴修睢阳渠

官渡之战，大败袁绍

平定兖州，并迎接汉献帝定都许县，无疑让曹操进一步在群雄纷争中站稳了脚跟。不过，曹操并不是北方实力最强的一支势力。汝南袁氏一门，自袁绍曾祖袁安以下，“四世居三公位”，“门生故吏遍于天下”，势力本就很大，再加上袁绍取得冀、并、幽、青四州之地，实力大增，有军队数十万人。袁绍的长子袁谭、次子袁熙、外甥高干分别驻守青、幽、并三州，后方稳固，兵精粮足，是北方最强大的势力。袁绍挑选精兵十万、战马万匹，志在一举消灭曹操。而曹操要想进一步发展势力，也势必要与袁绍发生一场大战。

汉献帝建安四年（199）十二月，曹操亲自率军屯于官渡（位于今河南省郑州市中牟县），准备迎击袁绍。

建安五年（200），袁绍命大将颜良进兵白马（今河

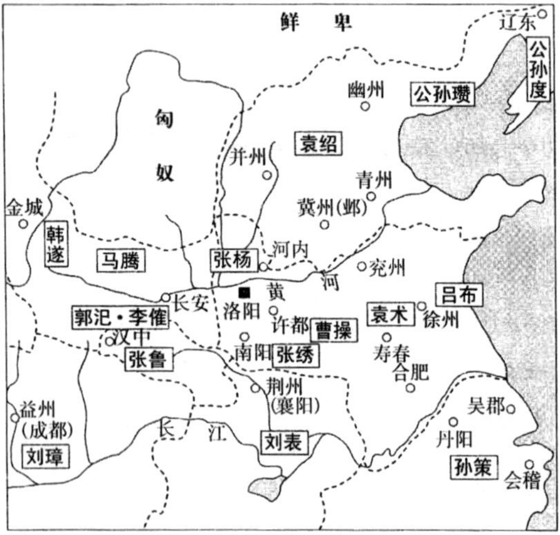

建安元年（196）军阀割据图（《三国志的世界：后汉、三国时代》）

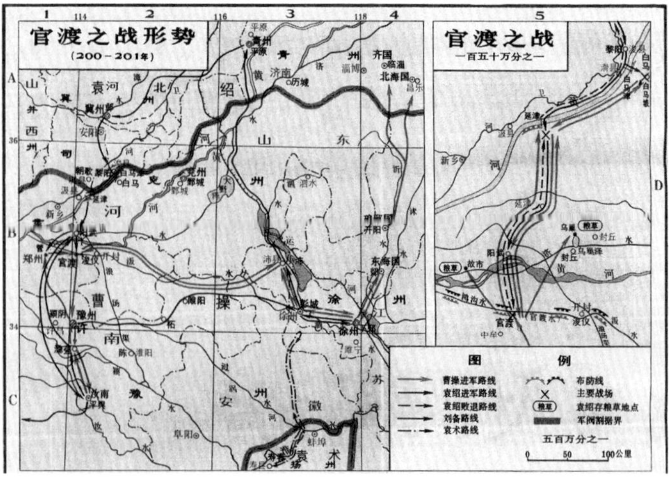

官渡之战形势图［选自《中国史稿地图集（上册）》］

南省安阳市滑县），他自己则率大军进屯黎阳（今河南省鹤壁市浚县），向曹操发动进攻，拉开了官渡之战的序幕。当时，曹操的实力比袁绍弱得多，他所占的黄河以南地区，是残破不堪、尚未恢复生产的四战之地，物资储备不如袁绍，其总兵力最多也不过几万人。虽然对

小贴士：官渡之战曹操究竟投入了多少兵马

官渡之战中曹操究竟投入了多少兵马，历来说法不一。据《三国志·武帝纪》记载，当时曹操的军队“兵不满万，伤者十二三”。但给《三国志》作注的裴松之指出，曹操起兵时已经有五千人马，此后的作战胜多败少，而且仅仅收编青州兵一项就获得了三十多万士兵。即便历次作战中有所减耗，也绝不至于不足一万人。况且如果曹操的兵力真的只有不到一万人，那么袁绍完全不必与之正面交战，只需将曹军围住，切断其内外供给即可。因此，《三国志·武帝纪》此处的记载，很可能只是为了体现曹操用兵神武的夸张之辞，并不能当作历史事实来理解。曹操官渡之战的兵力虽然不如袁绍，但应当也有数万人，而不会只有区区几千人。

于官渡之战中曹操的兵力究竟是多少，学者们的看法并不统一，但毫无疑问，曹操当时的兵力是不如袁绍的，在这场战争中无疑也是处于劣势的一方。

袁绍大军来攻，许都震动。曹操一方面安慰众将，让大家不要惊慌失措，另一方面则分析了袁绍的性格缺陷：

> 我知道袁绍的为人性格，他志向远大却缺少智谋，表面威严内心却胆小怕事，忌讳别人有才智，但自己又没有什么威严。他的军队虽然人数众多，但分工职责不明确，将领骄纵，号令也不一致。因此，袁绍地盘虽大，粮草虽足，但并不能对我们构成真正的威胁。

从战争的结果来看，曹操的这一判断相当敏锐。正所谓“知己知彼，百战不殆”，对敌我双方情况的准确把握和分析，是曹操能够在官渡之战中获胜的重要原因。

四月，曹操亲自率兵北上解救白马之围。他采纳谋士荀攸的计谋，先进军延津（今河南省新乡市延津县），做出要渡过黄河攻击袁军的态势，吸引袁军分兵西向，然后突然转向，急行赶往白马。曹军突然杀到，打了袁军一个措手不及，颜良被关羽当阵斩杀，袁军大败，白马之围遂解。曹操救出白马军民，沿黄河西撤。袁绍知情后立即命文丑、刘备渡河追赶曹操。曹操见追兵渐近，让军士解鞍放马，并在道路上布置辎重。袁军追至，无不争抢辎重，阵形混乱。曹操率仅有的骑兵突然杀出，大破追兵，又阵斩文丑。曹操初战得胜，并没有继续追击，而是主动撤军，继续扼守官渡。

相持到八月，袁绍大军开始进发。他们扎下连营，东西长达数十里，依沙堆为屯，进逼官渡。曹操让士兵坚守营垒，伺机而动。袁军向曹营发起猛攻，先是作高橹、起土山，站在高处向曹营中射箭，接着又挖地道，想从地下袭击曹营，曹操分别以设投石机、挖掘沟壑的办法破解。就这样，两军一攻一守，又相持了近两个月。虽然袁军的几次进攻都无果而终，但由于粮草不足，长此以往，曹操的军队终究要溃败。

十月，袁绍从河北运来粮草万余车，由大将淳于琼率军沿途护送，夜宿于距袁绍大营四十里的乌巢（位于今河南省新乡市延津县）。这时，袁绍谋士许攸向袁绍献计，认为若趁此时突袭许都，那么曹军势必崩溃。不过，袁绍并没有听从。本来，如果袁绍听从了许攸的计策，曹操腹背受敌，处境将十分凶险。而许攸见计谋不被采纳，内心颇为不平。同时，他在河北的家眷又因犯法被抓，一时间他心生悔恨，遂决定转投曹操，献计让曹操偷袭乌巢。曹操听说许攸来投，大喜过望，连鞋都来不及穿，光着脚就去迎接许攸。据《曹瞒传》记载，许攸来到后，问曹操军粮还剩多少，曹操说：“还可以支撑一年。”许攸说：“不对，请重新再说。”曹操说：“可以支撑半年。”许攸说：“您不是想要击败袁绍吗，为什么不和我说实话呢？”曹操说：“刚才是我开玩笑，其实粮草只够支撑一个月了，该怎么办呢？”许攸说：“您孤军独守，外无救援，而军中粮草已尽，这是万分危急的时候。现在袁绍有万余车粮草，都屯在故市、乌巢，而那里的守兵却不严密。如果以轻兵袭之，把他们的粮草全部烧掉，那么不出三日，袁绍必败。”曹操听罢大喜。

按照许攸的计谋，曹操亲率精锐步、骑五千人，军队人衔枚，马勒口，打着袁军旗帜，乘夜从小路偷袭乌巢。曹军行至乌巢，遂四面放火，袁军大乱，淳于琼拒营死守。袁绍得知后急忙派兵救援，曹操部将说：“敌军离我们已经很近，请分出一部分兵力抵挡。”曹操大怒道：“等敌军到背后了再告诉我！”于是曹军士卒都拼死力战，最终大破袁军，斩杀淳于琼等人，并尽焚其粮草，袁绍的援兵也战败而走。

最初，袁绍听说曹操袭击乌巢时，一方面派遣军队救援乌巢，另一方面令大将张郃、高览率重兵围攻曹军营地。不过，由于曹军营地营垒坚固，久攻不下，乌巢被攻破的消息传来后，张郃、高览等人就率部投降了。这一仗，袁军大败，袁绍与其子袁谭弃军逃回黄河以北，曹军大获全胜。余下的部分袁军假装投降，曹操下令将他们全部坑杀。曹军前后斩首七万余级，尽获袁军的辎重、图书、珍宝。战后，曹操清点袁绍的往来书信，发现有不少是自己部下勾结袁绍的。然而，曹操并没有对他们加以处罚，而是把这些信全部烧掉，说：“当袁绍强大时，我自己尚且不能自保，何况众人呢！”官渡之战后，冀州诸郡县皆举城归顺曹操。

从战前情况来看，曹操在官渡之战中无疑处于劣势，但由于他能正确分析条件，善于听取正确意见，扬长避短，采用正确的战略战术，使战争向有利于自己的方面转化，加之主观上的努力，终于赢得了胜利。此战之后，曹操击溃了最大的敌人袁绍，由他统一北方已是大势所趋。接下来他要做的，就是进一步清除袁氏的残余势力。

修睢阳渠，沟通黄淮

官渡之战的胜利为曹操平定北方开了一个好头。一时间，冀州的许多郡县也纷纷转而投奔曹操。不过，曹操并没有乘胜追击，一举拿下冀州，而是果断地撤军了。之所以如此，显然不是因为曹操不想消灭袁绍，而是因为当时曹操的粮草供应跟不上，无力支持他继续作战。事实上，如果不是在许攸的帮助下焚烧了袁绍在乌巢的粮草，官渡之战中，曹操能否坚持下去并最终取胜，都还是未知数。《三国志·荀彧传》裴松之注引《彧别传》记载曹操班师时上呈朝廷的表文说：“及绍破败，臣粮亦尽，以为河北未易图也。”这也可说明粮草不济是曹操退兵的主要原因。

无独有偶，建安六年（201）四月，曹操陈兵黄河南岸，一举击破了袁绍在仓亭（位于今山东省聊城市阳谷县）的驻军。但这次他仍没有乘胜北进，而是在九月又撤军了。虽然撤军的原因之一是此时刘备乘机率军进攻汝南，有可能危及根据地许都，曹操不得不回防，但军队准备不充分、粮草供应不足仍然是不可忽视的原因。《三国志·荀彧传》说此时曹操的军队“粮少，不足与河北相支”。曹操迫切地需要解决军队运粮的问题。

建安七年（202）正月，曹操进军浚仪县（今河南省开封市），修治了睢阳渠，随后立即进军官渡，全面开展荡平冀州的战役。显然，在解决曹操运粮问题上，睢阳渠发挥了重要的作用。

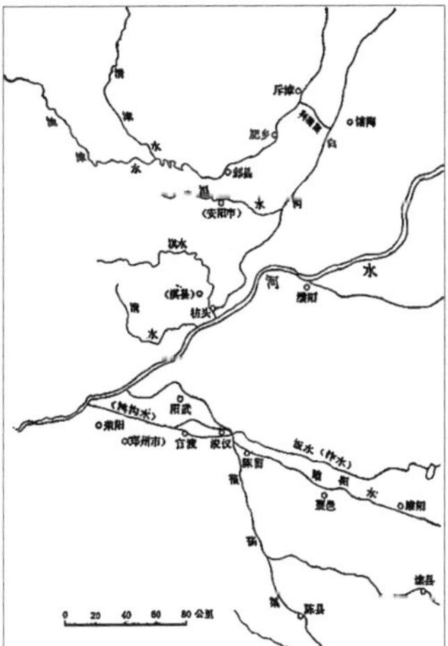

曹操开睢阳渠、白沟、利漕渠示意图（《曹操主持开凿的运河及其贡献》）

睢水是一条古水。据胡三省《资治通鉴音注》记载，睢水在浚仪县与蒗荡渠汇合，因向东流经睢阳县（今河南省商丘市睢阳区）而被称作睢阳渠。所谓蒗荡渠，就是有名的鸿沟，它沟通了黄河和淮河，是一条早在战国时期就开始兴建的中国古代最

小贴士：胡三省《资治通鉴音注》

《资治通鉴音注》是对《资治通鉴》进行注释的书，作者是宋末元初的胡三省。该书特重考证，举凡《资治通鉴》涉及的历代典章名物制度均有详细考证，而其所注释的地理沿革尤以精审著称，是历代历史地理学人重要的参考资料。目前较为通行的中华书局点校本《资治通鉴》（1956年出版），就是将《资治通鉴》正文与胡三省的《资治通鉴音注》合在一起，方便读者查阅对照。

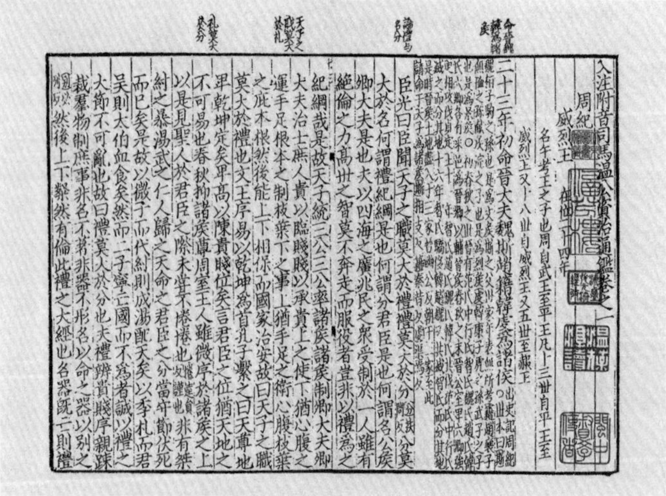

入注附音司馬温公資治通鑑卷之一

周紀一

威烈王

二十三年初命晉大夫魏斯趙籍韓虔為諸侯

臣光曰臣聞天子之職莫大於禮禮莫大於分分莫大於名何謂禮紀綱是也何謂分君臣是也何謂名公侯卿大夫是也夫以四海之廣兆民之衆受制於一人雖有絕倫之力高世之智莫不奔走而服役者豈非以禮為之紀綱哉是故天子統三公三公率諸侯諸侯制卿大夫卿大夫治士庶人貴以臨賤賤以承貴上之使下猶心腹之運手足根本之制枝葉下之事上猶手足之衛心腹枝葉之庇本根然後能上下相保而國家治安故曰天子之職莫大於禮也文王序易以乾坤為首孔子繫之曰天尊地卑乾坤定矣卑高以陳貴賤位矣言君臣之位猶天地之不可易也春秋抑諸侯尊周室王人雖微序於諸侯之上以是見聖人於君臣之際未嘗不惓惓也非有桀紂之暴湯武之仁人歸之天命之君臣之分當守節伏死而已矣是故以微子而代紂則成湯配天矣以季札而君吳則太伯血食矣然而二子寧亡國而不為者誠以禮之大節不可亂也故曰禮莫大於分也夫禮辨貴賤序親疏裁羣物制庶事非名不著非器不形名以命之器以別之然後上下粲然有倫此禮之大經也名器既亡則禮

《资治通鉴》书影（宋刻本）

早的一条人工运河。不过，鸿沟水系的主要水源是黄河，而黄河的含沙量较高，容易淤积而抬高河床，不利于漕运发展。这种情况在西汉末年至东汉初年黄河屡次决堤的背景下日趋严重。及至东汉末年，鸿沟水系中连接官渡和浚仪的这段已经严重淤积，无法进行漕运，也严重地阻碍了南北交通。

如果用一个字概括曹操对睢阳渠的改造，那就是“治”字，也就是疏浚。关于曹操具体是如何实施改造的，文献没有记载，难以获知全貌。但考虑到浚仪—睢阳一段有天然水道睢水可以利用，虽然睢水也存在淤积，但只需疏通河道，或对河床稍加拓宽，即可保证舟船漕运畅行无阻，故这段应当不是曹操治理的重点。而官渡是曹操的大本营，也是粮草输送的目的地，因而“官渡—浚仪”段必然是整治的重点。而从结果来看，整治后的“官渡—浚仪”段要比原先的河道方便得多。这一点也可得到文献的印证。据郦道元所撰的《水经注》记载，至迟到北魏时期，曹操整治的新道已经取代了原先的河道成为主要河道了。

睢阳渠的整治，不仅帮助曹操解决了运粮问题，加快了平定冀州的进程，还对后世产生了一系列积极影

小贴士：《水经注》

《水经注》是古代中国地理名著，作者是北魏晚期的郦道元。此书从名字来看似乎是为《水经》作注，实际上则是以《水经》为纲，详细记载了一千多条大小河流及有关的历史遗迹、掌故、传说等，是中国古代最全面、最系统的综合性地理著作。同时，该书还具有较高的文学价值，如其对三峡的描写就是一篇散文佳作。由于《水经注》所引用的文献有不少已经亡佚，该书还起到了保存文献的作用，对研究中国古代的历史地理有非常高的参考价值。

响。据《三国志·文帝纪》记载，到曹操的儿子魏文帝曹丕统治时，睢阳渠周围已经是一片良田广布的沃土，是曹魏重要的粮食产地，这说明睢阳渠的整治也为周边民众的灌溉提供了便利。更为重要的是，睢水原本是沟通黄河水系与淮水、泗水水系的通道，具有沟通南北运输的重要作用。由于西汉末年以来睢水逐渐淤塞，南北交通也受到了影响。睢阳渠的整治使这条交通要道又焕发了新生。

北渡黄河，攻占黎阳

睢阳渠的整治解决了困扰曹操已久的运粮问题。有了粮草的保证，曹操就可以放开手去清除袁绍的残余势力。也就在这一年五月，袁绍在忧愤中病逝，由其子袁尚继承了官位。不过，袁尚乃是袁绍的幼子，而袁绍的长子袁谭未能承嗣。袁绍这一废长立幼的决定，为日后袁氏集团的内讧埋下了祸根。

借袁绍病亡之机，曹操也再次率军进驻官渡。建安七年（202）九月，曹操渡过黄河，进攻黎阳，拉开了全灭袁氏的序幕。

黎阳位于黄河北岸，自东汉建立以来就是军事重镇，同时也是袁氏集团统治区的门户。面对曹操的进攻，袁氏集团打算固守黎阳，其部署是：袁谭防御黎阳，袁尚驻守邺城（今河北省邯郸市临漳县），为袁谭后援。但在战前准备中，袁氏余部却爆发了争权斗争，而导火索就是袁绍废长立幼所导致的袁谭、袁尚不睦。袁尚只给黎阳很少的军队，其派遣的逢纪名义上是前来助战，实际上是监视袁谭。袁谭请求增兵，审配等人不给，袁谭大怒，就杀了逢纪。曹操进攻黎阳，袁谭告急，袁尚既想分兵增援，又担心袁谭实力增强，遂决定留审配守邺城，自己则亲自前往增援。曹操在城南筑城，同袁军在黎阳城下大战，袁尚、袁谭不敌，退入城中固守。

袁尚为了牵制曹操对黎阳的进攻，令河东太守郭援、并州刺史高干共率数万兵力，并联合匈奴南单于部合攻曹操的河东郡，想扰乱曹军后方，逼曹操撤军。郭援等联络了关中军阀马腾等共同反曹。曹操在河东被攻、关中不稳的形势下，决心一方面坚持攻黎阳城，另一方面打破敌军对河东郡的进攻。他首先击破在河东孤立突出的匈奴南单于部，然后击退其余军队，并安抚马腾等人，使他们最终没有起兵反曹。随后，曹操令司隶校尉钟繇率兵北上，大败并斩杀郭援。至此，袁尚试图牵制曹操的行动完全失败。

建安八年（203）三月，曹操再度对黎阳发起攻击，袁氏兄弟出城迎战，被曹操打得大败，无力守城，只得在曹操合围前，连夜向北逃去。曹操终于占领了黎阳。

曹操攻黎阳之战，从建安七年九月到次年三月，历时半年。首战告捷，不仅振奋了曹军的士气，也证明了曹操在整体实力上占据优势。所谓“三十年河东，三十年河西”，曹袁双方的力量对比已经逆转，通往邺城的门户业已打开。接下来曹操要做的，就是乘胜追击，一举拿下邺城。

第三章　平定河北通白沟

乘胜追击，进军邺城

汉献帝建安八年（203），曹操重修睢阳渠，解决了军粮输送问题，随后北渡黄河，大破袁谭、袁尚，攻占了军事重镇黎阳。接下来要解决的就是袁氏的根据地邺城了。建安九年（204）正月，曹操亲率大军从许昌渡河，准备一举拿下邺城。不过，和此前一样，曹操这时又面临着运粮的问题。

这次运粮主要利用的河道是白沟。这也是一条黄河故道，自今浚县西南向东北流，经浚县（今河南省鹤壁市浚县）、内黄县（今河南省安阳市内黄县）西、魏县（今河北省邯郸市魏县）、威县（今河北省邢台市威县）东，兼具排泄沥涝和灌溉的功能。不过，同样由于黄河的泛滥改道，加之本身的流量也不大，到东汉末年，白沟的河道也已经淤浅堵塞，几乎成了一条废道。

小贴士：邺城

邺城在历史上曾经是曹魏、后赵、冉魏、前燕、东魏和北齐政权的都城所在地，因而有“三国故地、六朝古都”的美誉。其主体位于今河北省邯郸市临漳县。邺城由南北二城构成，北城是曹操封魏王后营建的国都，曹丕称帝后移都洛阳，以此为北都。后赵、东魏、北齐相继定都于此，直至承光元年（577）北齐灭亡后此城衰落。南城为东魏元象元年（538）依北城南墙而建，亦毁于隋代。邺城全城强调中轴安排，王宫、街道整齐对称，结构严谨，分区明显，形成了中国古代都市布局中独特的“邺城模式”。这种布局方式承前启后，影响深远。

曹操要想利用白沟运粮，就必须增大它的流量。

在白沟附近，还有一条河流名叫淇水，它由黎阳城西八十里的黄河延津渡附近汇入黄河。较之白沟，淇水的流量要大得多。如果能够改变淇水的河道，使其流入白沟，那么后者的流量势必大增，也就能够满足运粮的需求。循着这一思路，曹操开始尝试驯服淇水，使其改道流入白沟。

驯服淇水，治理白沟

关于曹操是如何驯服淇水的，记载较为详细的是《水经注》“淇水”条：

> 淇水又南历枋堰，旧淇水口，东流径黎阳县界，南入河。《地理志》曰：淇水出共，东至黎阳入河。《沟洫志》曰：遮害亭西十八里至淇水口是也。汉建安九年，魏武王于水口下大枋木以成堰，遏淇水东入白沟以通漕运，故时人号其处为枋头。

文中的“《地理志》”“《沟洫志》”指的就是《汉书》的《地理志》和《沟洫志》两卷。概言之，曹操所采取的工程措施主要可分为三步：第一步是在淇水与黄河交汇处的北面选择一个位置适当且利于作堰的地形，投下大枋木，由此筑成一条高大的拦河坝，截住淇水，阻止它继续向南流入黄河；第二步是在大堰的北侧开凿一条人工渠道，和拦河坝一起导引淇水改流入白沟，由此使淇水和原来不相通的白沟连成一河，达到增大白沟流量的目的；第三步是在宿胥口的北面故渎会淇水之处筑了一个石堰，因为黄河河道虽然南徙，但和宿胥故渎之间仍有旧道可以相通，所以曹操又修筑了这样一个石堰使淇水不致向南流入黄河。《水经注》“淇水”条在叙淇水东流经枋城、莞口后有如下叙述：

淇水右合宿胥故渎，渎受河于顿丘县遮害亭东、黎山西，北会淇水处立石堰，遏水令更东北注。魏武开白沟，因宿胥故渎而加其功也。

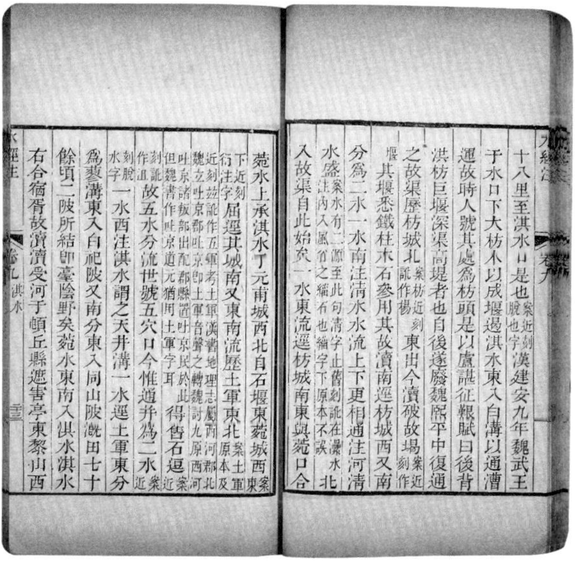
十八里至淇水口是也案近刻脫也字漢建安九年魏武王于水口下大枋木以成堰遏淇水東入白溝以通漕運故時人號其處爲枋頭是以盧諶征艱賦曰後背淇枋巨堰深渠高堤者也自後遂廢魏熙平中復通之故渠歷枋城北案枋近刻訛作楊東出今瀆破故堨案近刻作堰其堰悉鐵柱木石參用其故瀆南逕枋城西又南分爲二水一水南注清水水流上下更相通注河清水盛案水有二源至此此句清字止舊刻訛在灢水注內入鳳翁之緇石也緇字下原本不誤北入故渠自此始矣一水東流逕枋城南東與菀口合

水經注 卷九 淇水

菀水上承淇水于元甫城西北自石堰東菀城西案東下近刻衍注字屈逕其城南又東南流歷土軍東北案土軍原本及近刻並訛作五軍考土軍漢書地理志屬西河郡北魏立吐京郡吐京即土軍音聲之轉魏討九原西河吐京諸叛部出配郡縣置吐京民於此但魏書作吐京道元猶用土軍字耳得舊石逗案近刻訛作迅故五水分流世號五穴口今惟遊并爲二水案近刻脫水字一水西注淇水謂之天井溝一水逕土軍東分爲蔘溝東入白祀陂又南分東入同山陂溉田七十餘頃二陂所結即臺陰野矣菀水東南入淇水淇水右合宿胥故瀆瀆受河于頓丘縣遮害亭東黎山西

《水经注》书影（清乾隆武英殿聚珍本）

这个石堰的作用主要是堵塞宿胥故渎之口，使淇水流经此处后不会再经由故道向南流，因此规模并不算大，《水经注》也没有多加叙述。流过此段的淇水就叫作白沟。另一项更加重要的工程则位于淇水口。淇水虽然是一条不大的河，但其源出共山，沿途有多条河流汇入，水流湍急，每当山洪暴发，河水汹涌，常常泛滥为害。要阻遏这条河流决口，就要有坚固而又高大的拦河坝，因此曹操修建的这座坝规模是相当宏伟的。由于投下的木头大多是大枋木，后来就叫作枋头坝。事实上，曹操所用的材料不是只有大枋木，而是“铁柱、木石参用”（《水经注》“淇水”条）。卢湛在《征艰赋》里形容它为“洪枋巨堰，深渠高堤”，驯服淇水的工程量之大可见一斑。

白沟由于有淇水汇入，流量自然大增。同时，河道沿着黄河故道向北延伸，又可以和洹水相接。如此，曹操的军粮就可顺利运到邺城以东一带。自此以后，白沟成为河北地区重要的运输水道，而枋头堰就位于漕运之口，所以不久后就发展成著名的军事重镇——枋头。

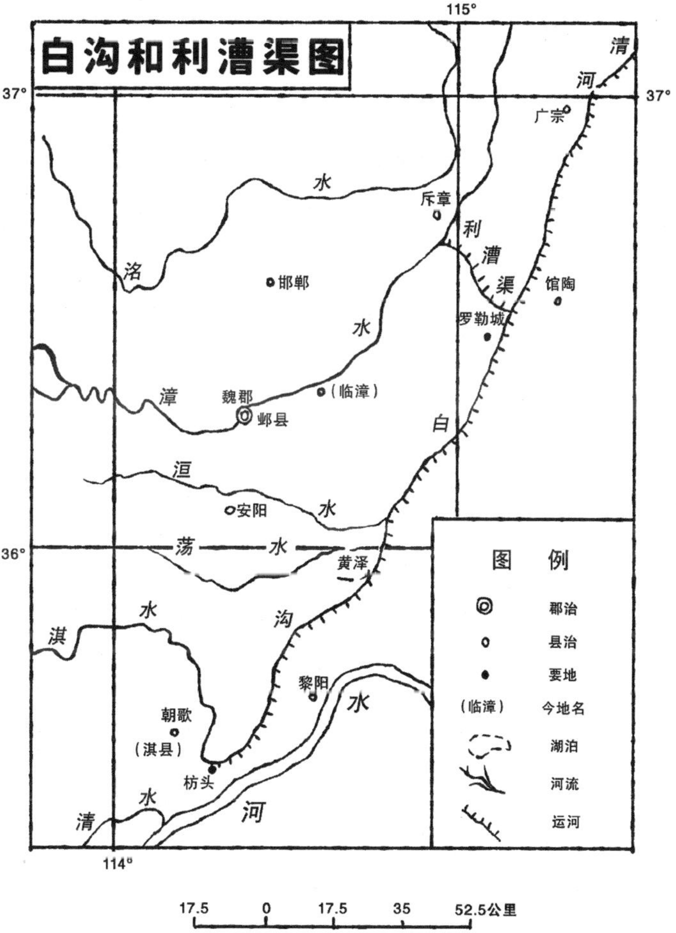

白沟和利漕渠图（《中国的运河》）

小贴士：枋头之战

东晋太和四年（369），大司马桓温率五万大军，从姑孰（位于今安徽马鞍山市当涂县）出发北伐。起初，东晋军队一路势如破竹，但当打到距前燕都城仅几十里的枋头时，遭遇了前燕军队的顽强抵抗。双方相持不下，后东晋军队因粮道断绝，不得已而撤军。南归途中，桓温先是被前燕慕容垂和慕容德设伏打败，又遭到前来支援前燕的前秦的攻击，回到姑孰时，五万步卒仅剩万余人。这里的枋头，就是因曹操开凿白沟而形成的枋头。

决漳河水，平定冀州

白沟的成功改造，保证了曹操军队的粮草供给不致中断。而在曹操为大战做准备时，袁氏集团内部又开始了内讧。建安九年（204）三月，袁尚再攻袁谭于平原（今山东省德州市平原县），留审配、苏由守邺城。邺城的防务空虚了下来。苏由欲为曹操内应，内外配合拿下邺城，但他谋事不密，最终被迫出逃，投奔了曹操。

曹操进军至邺城后，初期主要是靠堆土为山、开挖地道等方式围城的。四月，为了解除攻邺的后顾之忧，曹操命曹洪继续攻邺，自己则率兵清除了邺城周边袁尚的诸多小股势力。五月，曹操又毁土山、地道，开凿水沟，引漳水灌城。据《后汉书·袁谭传》记载，曹操凿堑周回四十里，“初令浅，示若可越。（审）配望见，笑而不出争利。操一夜浚之，广深二丈，引漳水以灌之。自五月至八月，城中饿死者过半”。曹操一开始将壕沟挖得很浅，试图迷惑审配。而审配果然也上了当，并没有把曹军的行动放在心上。到了晚上，曹操命令部队快速集中开挖，一夜之间就挖成了深二丈、宽二丈的深壕，并把漳河水引入壕沟，完全切断了邺城与外部的联系。从五月到八月，曹操这一围就围了三个多月。邺城城内无法得到外部的任何援助，有一半以上的人因此而饿死。

七月，袁尚率军赶来救急。眼看袁军马上就要开至，曹操麾下诸将都认为“此归师，人自为战，不如避之”（《三国志·武帝纪》）。诸将大概只是机械地套用兵法上的“归师勿遏”，而不善于分析具体情况。曹操则不同，他对大家说，如果袁尚从大道来，那么说明他是抱着必死的觉悟要和我们拼命，确实应当避其锋芒；而如果从西山小路而来，则说明他其实内心胆怯，还有依托险要地势以自保的侥幸心理，这时正可以把他捉住。结果，袁尚果然循西山而来，在离邺城十七里的滏水扎营，试图内外相应。曹操则果断出击，将其击败。袁尚遣使求降，曹操拒绝。袁尚只得乘夜出逃到中山（今河北省保定市定州市），曹操派军队追击，袁尚部将马延、张觊等临阵投降。曹操尽收其辎重，并缴获了袁尚的印绶、节钺及衣物等。一时间，邺城城内人心大乱。尽管审配仍坚持死守，并不断给将士鼓气，但奈何败局已定，终难挽回。最终，审配的侄子、东门校尉审荣打开城门，让曹军进城，曹操就此攻下了邺城。

曹操大败袁尚，进驻邺城，转而将邺城作为自己的大本营用心经营。建安九年（204）九月，曹操自领冀州牧。同时，为了表示谦让，除仍兼统豫州外，曹操让出了兖州牧一职。不过，当时东汉的朝政皆出自曹操之手，或领或让，甚或让而实控，皆由曹操定夺，诏封、表荐不过是形式而已。正如胡三省在《资治通鉴音注》中所评论的那样，曹操此时“领则真领，而让非真让也”。

同一年十月，并州刺史同时也是袁绍外甥的高干迫于形势投降曹操，曹操出于稳定后方，使自己能够专力讨伐袁谭的考虑，仍然任命高干为并州刺史。

至于袁氏集团的另一支重要力量袁谭，曹操则采取了软硬兼施的方式。袁谭因与袁尚不和，曾一度想与曹操联合，并结为姻亲。不过，在曹操攻打邺城的时候，袁谭逐渐认识到联曹实乃一大错误，试图脱离曹操阵营。然而，袁谭伎俩拙劣，不能统筹谋敌，其瞻前顾后的观望姿态也早被曹操看破。情急之下，袁谭遂径自掠取已为曹操占有的甘陵（位于今河北省邢台市清河县）、安平（今河北省衡水市安平县）、勃海（位于今河北省沧州市南皮县）等地。而哪怕在朝不保夕的危机形势下，他依然没有考虑兄弟联合的问题，竟然在反曹的同时，又去进攻已经逃到中山的袁尚。袁尚再次战败，只得逃到固安（今河北省保定市易县），投靠其二哥、幽州刺史袁熙。袁谭接收了袁尚的人马，还屯龙凑（位于今山东省德州市平原县）。表面上看，袁谭取得了胜利，但实际上他已把自己完全置于孤立无援之地。在此情况下，曹操消灭袁谭，就只是时间上的问题了。

高干既已投降，曹操即可放心对付袁谭。他立即给袁谭送去一信，斥责袁谭背负约定，并取消了双方的姻亲关系，然后进军。袁谭此时才意识到情况不妙，于是放弃平原而走保南皮（今河北省沧州市南皮县）。曹操入平原，略定诸县。建安十年（205）正月，曹操攻袁谭于南皮，但作战失利，折损了不少将士。此时曹操一度想放弃追进，转而采取缓攻的战略。参司空军事曹纯劝曹操说：

> 现在跃进千里追击敌军，如果不能一举歼灭敌军而退兵的话，势必有损于士气。况且袁谭刚刚打了胜仗，军队必有骄色，我军刚刚战败，必然会有所敬惧而更加谨慎。像这样以惧敌骄，必然能够一举击败袁谭。

曹纯的话，坚定了曹操克灭袁谭的决心。据《三国志·武帝纪》注引《魏书》记载，曹操进攻袁谭的战斗，从早晨一直持续到中午，仍然攻不下来。曹操“乃自执桴鼓，士卒咸奋，应时破陷”，终于攻下了南皮。袁谭败走，曹操追杀之，并尽诛其妻子。同时斩杀的还有袁氏父子的老臣郭图及其妻子等人。曹操诛杀袁谭后，将其悬首示众，下令说：“敢哭之者，戮及妻子。”这固然体现了曹操性格中残忍的一面，但在当时刚刚平定袁谭的情况下，通过这种方式起到杀一儆百、稳固人心的作用，或许也是曹操考虑的一个方面。

消灭袁谭后，华北地区已基本平定。此后，虽然并州刺史高干复叛曹操，但其实力已然今非昔比，掀不起什么大的风浪了。建安十一年（206），高干在投奔荆州刺史刘表的路上被擒杀。至此，冀州、并州二地彻底平定。曹操在统一北方的征途上迈出了巨大的一步。

第四章　远征乌桓开三河

力排众议，北征乌桓

官渡之战大败袁绍，又一鼓作气平定河北，至此，曹操已基本完成了统一华北地区的目标，他个人的发展无疑正处在上升期。不过，其距离“荡平天下”尚有不小的距离。一方面，南方尚有孙权、刘表、刘备等地方势力割据一方，以曹操目前的实力，暂时还不足以全部歼灭他们。另一方面，更让曹操头疼的是，虽然冀州、并州业已平定，但袁绍集团的残余势力并未完全消除，袁尚、袁熙兵败后又挟冀、幽二州军民十余万户投奔辽西乌桓的首领蹋顿。而蹋顿也仗着这些新附民，在此后屡次入塞为害。曹操如果没有稳定的后方，就会立足不稳，后患无穷。

为了巩固北方统治并消灭袁氏残余势力，曹操计划远征乌桓。不过，大军远征乌桓，这一举措在曹营内部

小贴士：乌桓

乌桓是东胡人的一支，秦末时迁往乌桓山，因而得名乌桓。汉武帝以后，乌桓归附汉朝，其一部迁至幽州上谷、渔阳、右北平、辽东、辽西五郡塞外地区，是为“五郡乌桓”，其中每郡各有首领。而聚居辽西、辽东、右北平三郡地的乌桓人最多，故被称作“三郡乌桓”。汉末天下大乱，乌桓乘机占领大漠以南，困扰内地边缘地带。初平中，辽西乌桓王丘力居死，蹋顿继位，总摄三郡。蹋顿骁勇威武，被比作匈奴单于冒顿。他凭借山川险要，接纳亡命之徒以为己用，称霸一方。当袁绍统一北方四州时，蹋顿率三郡乌桓服从了他。当袁尚、袁熙前来投奔时，蹋顿企图借帮助袁尚等恢复故地的机会，乘机攻破幽州，屡次侵入塞内骚扰破坏，是北方一股不可忽视的割据力量。

存在巨大的争议。众将认为：一方面，乌桓贪婪而不讲亲情，不会为袁尚所用，远征乌桓的现实意义并不大；另一方面，曹军深入北上作战时，后方许都必然空虚，一旦刘备鼓动刘表出兵，许都很可能会遭到袭击，面临腹背受敌的窘境。面对这些确实可能发生的情况，曹操也犹豫了。

这时，郭嘉向曹操指出，诸将的顾虑是多余的。北征很有必要，而且确实可行，他提出了三条理由：

> 目前您虽然威震天下，但是乌桓凭恃地处偏远，难以到达，一定不会多加防备。如果率领大军突然袭击它，可以一举平定，此其一；袁绍对汉、夷民众多有恩惠，而且袁尚、袁熙兄弟还在，虽然他们战败了，但今天华北诸州的民众，只是迫于您的兵威才归附，实际上您的恩德还没有泽及，也就是说，人心并不稳固。这时贸然放弃华北诸州，转而南征，若袁尚等人利用乌桓的资助发起反攻，民众群起响应，那么恐怕青州、冀州就不再能归您所有了，此其二；荆州的刘表只不过是个坐谈之客，自知才能不足以驾驭刘备，因此即使您的后方真的空虚，也不值得忧虑，此其三。

郭嘉对形势的把握非常敏锐，从正、反两方面细致分析了征讨乌桓的必要性和诸将担心的多余。曹操也决心亲自率军北上，远征乌桓。

开凿三河，输送军需

远征乌桓，首先要解决的仍然是运粮问题。从邺城到辽西，路途很远，中间虽有几条大河，但多不能相通。于是，建安十一年（206），曹操主持开凿了三条运河，其中一条从滹沱河凿入泒水，叫作平虏渠；一条从潞河凿到沟河口，叫作泉州渠；一条从泉州渠通到濡水，叫作新河。这三条运河彼此有一定的连接作用，因而可以联运。

平虏渠，顾名思义，就是为荡平乌桓等而开凿的水道。它联系滹沱河和泒水。邺城北部不远就是漳水。今天的漳水直东流到卫河，那时候的漳水却从今临漳县附近向东北流去，经过今天的冀州市、衡水，继续流向东北，和清河汇合后由现在的运河水道入海。那时的滹沱河由太行山流出来后，向东南流经今天的饶阳、武强等县，在武强县东北和漳水汇合，又由漳水分出，向东北流入海。至于泒水，则是现在的沙河。今天的沙河下游是潴龙河。当时的泒水则位于潴龙河的东南方位，它流经饶阳县北、河间市西，在文安县西北转而向东流入渤海。曹操所开凿的平虏渠之所以引滹沱河入泒水，也是

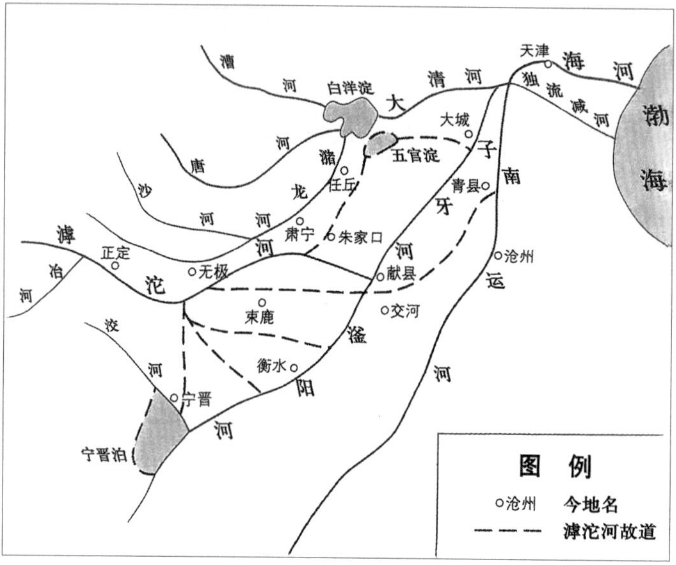

滹沱河变迁示意图（《中国河湖大典：海河卷》）

因为滹沱河和漳水相互沟通，因而运粮的舟船可经由漳水入滹沱河，再通过平虏渠入于泒水。

关于平虏渠开凿的具体地点，由于文献没有明确记载，历来有不同的说法。一种说法认为，平虏渠在宋代沧州清池县南，平虏渠凿成时，曹操还在其附近修筑了一座城池。不过，宋代的清池县在今河北省沧州市东南，即东汉时的浮阳县。汉代的漳水远在浮阳县北，并不在其南，况且平虏渠仅是沟通滹沱河和泒水，与漳水并无什么关系。如果以为所开的新河在此，似与当时的文献记载不相符合。因此这个说法恐怕不对。

另一种说法认为，平虏渠在唐代鲁城县内。唐鲁城县在今沧州市东北，青县正东，直线距离大约五六十里，这里正是汉代滹沱河流经的地方。那时的泒水流经今天津市静海区之北。静海区南距青县以东的鲁城故县不是很远，因此平虏渠开凿在这里的可能性比较大，这是比较可靠的一种说法。

平虏渠的所在地还有第三种说法，即认为在唐代的饶阳县北。此前的滹沱河本在饶阳县南，曹操决开饶河旧河道，让其向北注入新沟，所以河道改在饶阳县北。不过，据史念海先生在《中国的运河》（山东人民出版社2022年版）一书中的考证，这种说法可能是误将司马懿开凿的一条沟渠误当作平虏渠，因此也

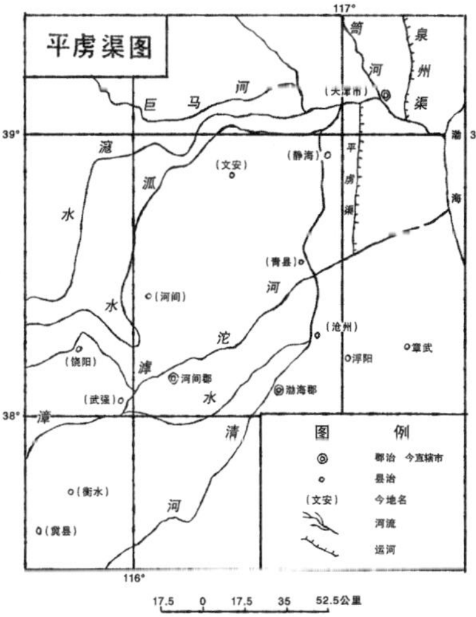

平虏渠图（《中国的运河》）

不可靠。

泉州渠是从当时泉州县（今天津市武清区南）境内的潞河通到泃河口，因而得名泉州渠。潞河就是白河与温余水汇合后的下游水道，又称为笥河，是今北运河的前身。平虏渠开通以后，漕运可由漳河转入滹沱河，再沿平虏渠进入派水，随后与潞河汇合。邺城之北就是漳河，但不论漳河或白沟，最后都只能进入滹沱河与潞河，再往前则无法行船。因此，仅仅开凿平虏渠还不行，因为潞河和泃河并不相通，所以曹操又开凿了泉州渠以解决两河之间的联系。

平虏渠与派河的交汇处在今天津市。泉州渠就是由平虏渠与派河汇合处的附近向北开凿，一直通到鲍丘水。泃河口是泃河汇入鲍丘水的地方，其地在今天津市宝坻区东南。泉州渠和鲍丘水的交汇处就在泃河口附近，所以说到泉州渠就会涉及泃河口。而鲍丘水由于流经潞县西，也就有了潞河的名称。所谓泉州渠凿入潞河，就是这样的缘故。

关于新河的记载仅见于《水经注》“濡水”条：“魏太祖征蹋顿，与泃口俱导也，世谓之新河矣。”由此可知，新河是曹操在建安十一年（206），和泉州渠一同开凿的。东汉的辽西郡在滦河流域，北面就是辽西乌桓，所以仅依靠平虏渠和泉州渠还不能把粮草运到辽西，新河的开凿就是解决泉州渠和滦河间的联运问题。“新河”的得名，大概是因为以往曹操都是在旧有河道的基础上加以修缮改造，而新河则是曹操第一次完全新凿的河流。可惜的是，由于记载简略，新河是如何施工开凿的，现已不可

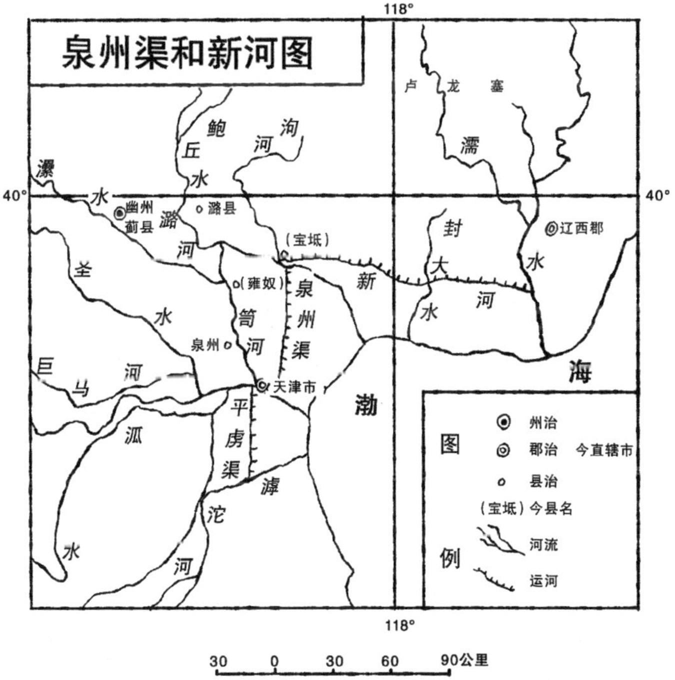

泉州渠和新河图（《中国的运河》）

考证。《水经注》对新河流路的记载虽然较为详细，但对于所过诸河的水工措施，包括堰闸的设计与建筑情况等全都未提。尽管如此，可以确定的是，在当时的生产技术条件下，能横截这些河流，完全开凿一条人工运河，不能不认为是中国古代水利工程史上一项伟大、稀见的设计与创造，堪称浓墨重彩的一笔。

平定乌桓，统一北方

建安十二年（207）五月，曹操率领大军抵达无终（今天津市蓟州区），兵临塞口，准备出傍海道（今辽西走廊），经由碣石进攻柳城。

眼看大军就要进军辽西，不料天公却不作美。由于正值夏秋季节，大雨连绵，车马、舟船均难以通行，进军的时间也不得不一拖再拖，一直到了秋七月。此时的乌桓也已经得到消息，有了准备，他们“遮守蹊要，军不得进”（《三国志·田畴传》）。按理说，敌人已有准备，突袭已不可能，似乎只有退军这一条路了。不过，如果此时退兵，将前功尽弃。以曹操的性格，当然不会轻易离去。他请出了在徐无山（位于今河北省唐山市玉田县）的田畴担任向导，帮助制定行军路线。事实证明，田畴出色地完成了这一任务，在曹操远征乌桓的过程中发挥了重要作用。

自古以来，从无终到辽西有两条路。一条是“傍海道”，就是所谓的“辽西走廊”。这条路从无终出发，经玉田、丰润而出山海关，随后经过今绥中、兴城、葫芦岛到达锦州。但是，在辽、金以前，这条路的交通条件始终不佳，因而一直不是主要通道。另一条路则是“卢龙塞”，《三国志·田畴传》记载：

> 旧北平郡治在平冈，道出卢龙，达于柳城；自建武以来，陷坏断绝，垂二百载，而尚有微径可从。

这条路就是今天河北的喜峰口到冷口一线。在西汉时期，汉廷长年与匈奴在右北平一带作战，因此卢龙塞是畅通的。但是，从东汉建立直到汉献帝建安年间，接近两百年的时间内，卢龙塞只有“微径可从”，基本是一条没有路的路。如果不是田畴对当地的地理交通十分熟悉，恐怕没人能想到从这条路出塞。

从卢龙塞出塞，将面临塞外的“五百余里”险地，“堑山堙谷”（《三国志·武帝纪》）。直到越过白檀（位于今河北省承德市），到达平冈（位于今辽宁省喀喇沁左翼蒙古族自治县）之后，才算进入平地，可以直捣乌桓的巢穴柳城（今辽宁省朝阳市）。《三国志·武帝纪》记载：“秋七月……引军出卢龙塞……八月，登白狼山。”这条路全程不过五六百里，如果按照急行军的速度，十天之内必可到达，而曹操却走了将近一个月。之所以如此，原因在于“堑山堙谷五百余里”。五百里险地，人能走得，马却走不得，而曹操要出奇兵，必须依靠骑兵，所以不得不放缓速度。不过，在临走前，曹操又命人在傍海道旁立个牌子，上书“方今暑夏，道路不通，且俟秋冬，乃复进军”，意即由于目前道路难以行军，打算等到秋冬时节再出兵。这实际上是迷惑乌桓的一种手段，而乌桓人看到后也果然以为曹操已经撤军，马上回去向蹋顿汇报。

就在乌桓以为曹操已经撤军的同时，曹操的大军一过平冈，就急行奔袭，一直急行军到距离柳城不足二百里的白狼山（位于今辽宁省葫芦岛市建昌县）附近，蹋顿与二袁、辽西单于楼班、右北平单于能臣抵之才仓皇集结“数万骑”（《三国志·武帝纪》）向西迎敌。

乌桓的优势是兵马众多，且以逸待劳，缺点则是被打得措手不及，终究还是仓皇应战，而且游牧民族单兵能力强，整体作战能力弱，缺乏这种大军团作战的经验。曹操的优势是出其不意，且手下都是勇冠三军的猛将和百战余生的精锐骑兵，劣势则是经过十几天的山路和急行军，军队体力已经大打折扣，更何况重装步兵在后面，面对人数多于自己的乌桓军，很多人也发怵。

所谓“狭路相逢勇者胜”。曹操登白狼山观敌阵，看到乌桓军阵不整，阵形松散。张辽劝曹操立刻下令作战，曹操欣赏他勇猛无畏，便命令他和张郃二人为前锋。张辽拍马下山，直冲敌阵，在他的带动下，曹军与乌桓的精锐骑兵在白狼山下展开了一场血战。曹操部下的徐晃、张郃、鲜于辅、韩浩、史涣、曹纯、阎柔等将奋勇争先。这场大混战共有数万人参战，战斗的惨烈程度可想而知。

乌桓本就人心惶惶，再一看到曹军如此勇猛，其阵势迅速开始崩溃。混战之中，曹纯麾下虎豹骑获单于蹋顿，将其斩首。一时间，乌桓群龙无首，最后“死者被野”，三郡乌桓的骑兵主力在这场战斗后全面崩溃，《三国志·武帝纪》记载：“虏众大崩，斩蹋顿及名王以下，胡、汉降者二十余万口。”白狼山之战，曹操大获全胜，并一举平定了三郡乌桓的“亲袁势力”，直接占据柳城。

白狼山之战后，曹操“屠柳城”，却没有进一步追击逃亡到辽东的二袁，而是坐等二袁的人头。果然，没过多久，辽东的公孙康就把它们送来了。曹操之所以能准确预判，是因为他吃准了袁熙和袁尚在辽东不会安分，一定会想办法除掉公孙康，据辽东为己有。而公孙康对二袁也不会放心，尤其是收留这两个人会得罪曹操。结果，公孙康果然先一步下手，杀死二袁，把人头送交曹操。在《三国演义》中，这一情节被描写为“郭嘉遗计定辽东”，而在《三国志·武帝纪》中，这一敏锐的决策其实是曹操本人做出的。

紧接着，曹操收编三郡乌桓骑兵，编入自己的军队，“由是三郡乌丸为天下名骑”（《三国志·乌丸传》），大大发展了曹军的骑兵部队。

大军返回的时候，曹操把谋士们集中起来开了个会。那些起初谏阻他不要征伐乌桓的人都感到害怕，而曹操却厚赏了他们。曹操说：“远征乌桓，是我心存侥幸。虽然得以成功，但这其实是上天的帮助，所以不能视作常态。诸君的谏议乃是万安之计，所以要奖赏。以后大家有什么话可以尽管说，不要有所顾忌。”由此可见，曹操自知这场胜利实乃险胜，因而侥幸之余不忘反思自己，并没有因为得胜而忘乎所以。值得一提的是，在《三国演义》中，从官渡之战开始到曹操平定乌桓，只有四回的篇幅，容易给人一种这些事情是在短时间内迅速发生的感觉。实际上，从建安五年（200）曹操进军官渡，到他平定乌桓已经过去八年了。至此，曹操统一北方的事业才算完成。

建安十二年（207）九月，曹操从柳城班师，途经碣石，策马上山，遥望渤海，留下了脍炙人口的《步出夏门行·观沧海》：

东临碣石，以观沧海。
水何澹澹，山岛竦峙。
树木丛生，百草丰茂。
秋风萧瑟，洪波涌起。
日月之行，若出其中。
星汉灿烂，若出其里。
幸甚至哉，歌以咏志。

第五章　定都邺城治利漕

受封魏公，定都邺城

统一北方后，曹操下一步的目标就是平定南方的刘备、孙权等割据势力。不过，建安十三年（208），曹操在赤壁之战中被孙权、刘备联军击败，三分天下的格局

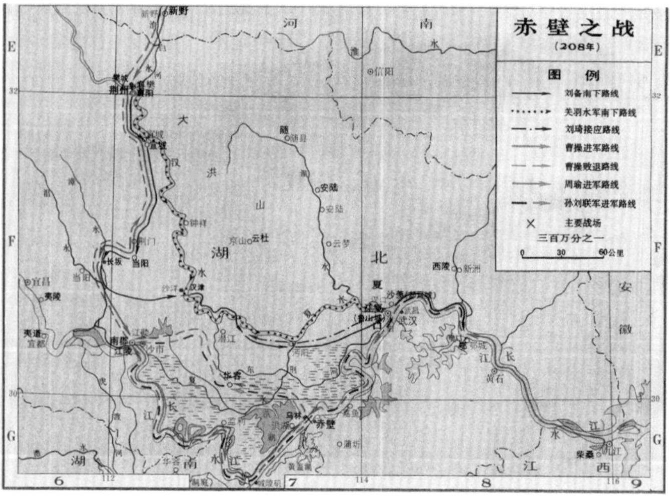

赤壁之战形势图［选自《中国史稿地图集（上册）》］

小贴士：赤壁之战究竟是不是一场大败

东汉末年的赤壁之战历来被视作曹操的一场大败。不过，近年来有学者对此提出疑问，如何德章先生在《“赤壁之战”的史源及性质诸问题》（《许昌学院学报》2016年第3期）中指出，根据现有文献记载，只能确认曹军与孙吴联军在赤壁或者乌林确实发生了战斗，但这一战役曹军是否具有绝对优势，孙刘联军是否以少胜多，得不到任何确定无疑的史料支持。同时，可以确定的是，曹操一方并没有因赤壁之战溃不成军，曹操驻守江陵的军队是一年多以后才主动撤出的，襄阳也一直稳稳地由曹操一方控制。

基本奠定。此后，曹操虽仍时有征伐，但将更多的精力放在经营、巩固曹氏势力上。

建安十六年（211），曹操遣司隶校尉钟繇讨伐汉中（今陕西省汉中市）张鲁，并令夏侯渊等出兵河东，与钟繇会合。由于西征汉中要经过关中，关中诸侯马超、韩遂、杨秋等人心生疑惧，一时间纷纷造反。曹操设下反间计，大破西凉军，平定了凉州地区。

小贴士：曹操反间计破马超

曹操被马超杀得十分狼狈，一时间形势十分危急。关键时刻，贾诩献上反间计，想办法离间马超和韩遂。曹操依计行事，他在两军阵前把韩遂叫出来叙旧，共同回忆在都城洛阳的少年岁月，却绝口不提两军的军国大事。接着，贾诩让曹操再给韩遂写一封信，然后在关键的地方涂涂抹抹。马超问韩遂和曹操都说了什么，韩遂实话实说，马超有些狐疑。不久后，韩遂收到曹操的“密信”，马超过来找韩遂，拿到信一看，发现关键的地方都给涂掉了，就更加怀疑是韩遂与曹操有勾结，怕马超发现而故意涂抹信件。最后，马超和韩遂翻脸，双方混战，曹操趁机进攻，马超败退。最后，马超、庞德、马岱三人带着身边仅剩下的30多个骑兵投奔张鲁，韩遂也投降了曹操。曹操平定了西凉，彻底扫清了北方的威胁。

建安十七年（212）正月，曹操回到邺城。汉献帝准许曹操“参拜不名，剑履上殿”，即曹操入朝觐见皇帝时不用被赞礼官直呼其名，不用急步而行，进入皇宫可以佩戴长剑，也不用脱掉鞋子。这是一种极高规格的礼遇，也反映出曹操权力的进一步膨胀。

同年十月，曹操起兵南征孙权，号称步骑四十万。次年（213）正月，曹军进至濡须口（位于今安徽省合肥市巢湖市），一度大破孙权设在江北的营寨。随后，孙权亲率七万大军前往濡须口抵御曹军。两军相持月余，孙权用水军包围曹军，俘虏三千余人，淹死的曹军也有几千人。后来，孙权几度挑战，曹操坚守不出，于是孙权就亲自驾船从濡须口驶向曹营。曹军诸将都以为是敌军来了，准备迎击，曹操却说：“这一定是孙权想要亲自见识下我的军队。”于是他命令严整军队，不得轻举妄动。孙权走了五六里，在回去的路上演奏起欢快的乐

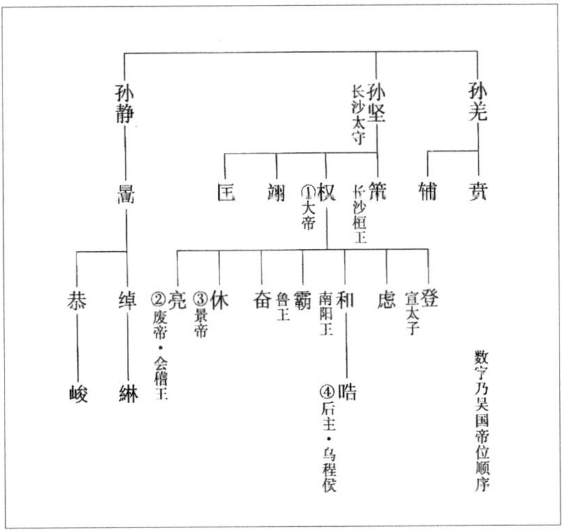

孙氏家系图（《三国志的世界：后汉、三国时代》）

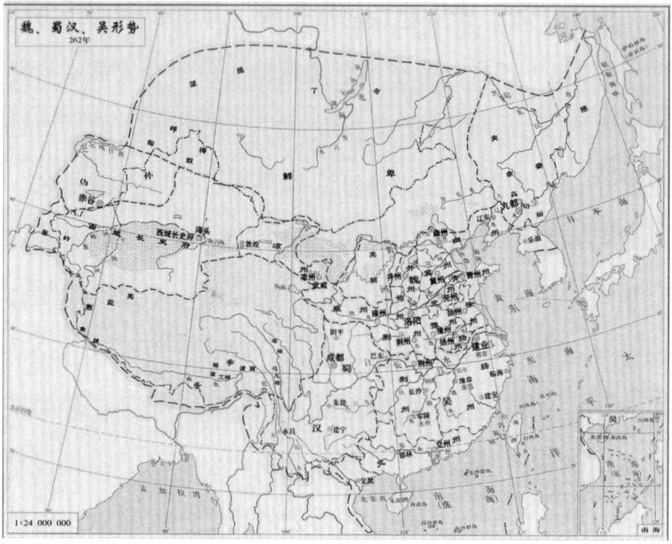

魏、蜀汉、吴形势图（选自《中国战争史地图集》）

曲，曹操远远望见孙权的舟船军队仍然严明整肃，不禁脱口叹道：“生子当如孙仲谋，刘表的儿子只不过是猪狗罢了。”孙权回去后给曹操写了一封信，说：“春水方生，公宜速去。”即现在正是春天江水上涨的时候，曹操既然不擅长水战，还是早早撤军为宜。随信还附一张小纸条说：“足下不死，孤不得安。”曹操对众人说：“孙权不会欺骗我。”于是就撤军了。

五月，汉献帝册封曹操为魏公，加九锡、建魏国，国都定于邺城。魏国拥有冀州十郡之地，并置丞相、太

小贴士：九锡

九锡，是中国古代皇帝赐给功勋卓著的诸侯、大臣的九种礼器，象征着朝廷的最高礼遇。据《礼记》记载，九锡分别是车马，即金车大辂（车辕上用来挽车的横木）和兵车戎辂；玄牡二驷，即黑马八匹。衣服，即衮冕之服，加上配套的赤舄一双。乐县，即定音、校音器具。亦作“乐悬”。朱户，即红漆大门。纳陛，其所指有两种说法，一是登殿时特凿的陛级，使登升者不露身，类似于贵宾专用通道；二是阶高较矮的木阶梯，使登阶别太陡。虎贲，即守门之卫士。其人数或谓三百人。有时虎贲也指虎贲卫士所执武器，即戟、铩之类。斧钺。弓矢，是特制的红、黑色的专用弓箭。秬鬯，即供祭礼用的香酒，以稀见的黑黍和郁金草酿成。

尉、大将军等百官。七月，曹操建魏国社稷宗庙，又在魏国内设置尚书、侍中，一切规格都比附朝廷。曹操名为汉臣，其权力实际上早已凌驾于汉廷之上。

此时，黄河流域已为曹操所统一，河北广大地区的水运问题也就相应地提上了日程。原来开辟的白沟仅仅能解决邺城战争的军粮需要，而并不能满足整个河北地区的运输需求：一来白沟与邺城北面的津河并不相通，因而和没法直接向邺城运输物资；二来淇水毕竟是一条小河，运输能力有限；三来清河离淇水毕竟过远，想增加其水源不能依靠淇水，而必须另找更大的水源才行。鉴于这些问题，这年十月，曹操又开凿了利漕渠，把漳水引入白沟，尝试解决以上这些问题。

开利漕渠，引漳入白

在介绍利漕渠之前，让我们先来回顾一下此前曹操所整治或开凿的各条运河。曹操所开凿的白沟，沟通了黄河和洹水；所开凿的平虏渠，联结了泒水和滹沱水。而由于滹沱水的下游和漳水合流，因而可以说平虏渠也沟通了泒水和漳水。只有洹水和漳水，这两者始终没有得到沟通。奇怪的是，洹水和漳水相距并不远，而且都位于平原地带，为什么只有这一小段曹操没有开渠沟通呢？由于文献不载，这个问题并不容易回答，目前学界也还没有一个比较统一的认识。唯一可以确认的是，一直到平虏渠开凿成功的七年之后，也就是汉献帝建安十八年（213），曹操才开始开渠沟通这一小段。而如果

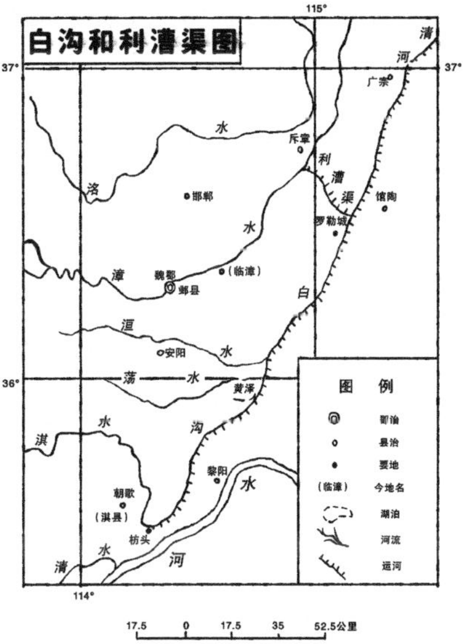

白沟和利漕渠图（《中国的运河》）

从白沟开凿开始算起，更是已经过去了九年。这段水路也就是所谓的利漕渠。

利漕渠是沟通洹水和漳水的。所谓洹水，实际上是洹水和白沟汇合以后的一段，所以这一段白沟也可以叫作洹水。洹水向东北流经罗勒城（今河北省邯郸市广平县东南和大名县西北）东后就到了利漕口，利漕口就是利漕渠由洹水分流出来的位置。利漕渠的另一端是在汉代斥漳县（今河北省邯郸市曲周县东南）南和漳水汇合的。利漕渠的开凿本来是为了便利邺城的交通运输，可是这条渠道并非开凿在邺城的正东，而是在邺城的东北。这可能是由于罗勒城和斥漳县之间恰好是洹水和漳水较为接近的地方，开凿工事的话开销更小。不过，开销变小的代价就是，南来的漕舟或其他的船只不得不多绕行一段道路了。

利漕渠成功开凿以后，今天的河北省境内在当时已经可以借助水道而南北沟通了。交通情形的变迁也影响到了经济都会的变化。自秦汉以来，这个区域的经济都会始终是蓟县（今北京市大兴区）、涿县（今河北省保定市涿州市）和邯郸（今河北省邯郸市）。这三个地方之所以繁荣，正是因为处于太行山东的南北交通干线上。不过，这个交通干线是陆道而非水道，因而在利漕渠开凿成功、南北水道得以贯通后，这几个地方因距离水道太远，就慢慢地衰落下来了。而邺城则由于靠近水路而逐渐发展起来。一方面，邺城周边的土地经过漳水灌溉，以肥沃著称。左思在《魏都赋》中写道，邺城周边“陆莳稷黍。黝黝桑柘，油油麻纻。均田画畴，蕃庐错列。姜芋充茂，桃李荫翳”，正是农业兴盛的具体描绘。另一方面，得益于交通的便利，许多地方名贵的物产都集中到邺城街市上，所谓“百隧毂击，连轸万贯。凭轼捶马，袖幕纷半。壹八方而混同，极风采之异观。质剂平而交易，刀布贸而无算”（左思《魏都赋》）。利漕渠正如其名所言，确实实现了“利漕”的目的。

第六章　天下未定身先死

进爵魏王，位极人臣

建安二十一年（216）四月，汉献帝册封曹操为魏王，食邑三万户，位在诸侯王之上，奏事可不称臣，受诏可不拜，郊祀天地时可以使用天子的旒冕、车服、旌旗、礼乐，出入可称警跸，一切规章制度都和朝廷一致，定都邺城，王子皆为列侯。此时，曹操已经位极人臣，名义上虽然不是天子，仍是汉朝的官员，但实际上已经有天子之实了。

建安二十二年（217）十月，汉献帝又赐予曹操王冕十二旒，乘金根车，驾六马，规格进一步提高。这时，曹操已经六十二岁了。在古代，这已经属于高寿。因此，他也将确立继承人——世子的事情提上了日程。

原本，曹操一直将长子曹昂当成自己的接班人培养，所以曹昂经常跟父亲出征于各个战场，曹操也希望

（唐）阎立本《历代帝王图》所绘曹丕像

在战场中可以将自己的一身本领传授给曹昂。但天有不测风云，建安二年（197），曹昂在战场上为了救曹操而战死。

曹昂死后，二儿子曹丕就成了在世的长子。相对于曹昂来说，曹丕对于战争并不十分熟悉，而是更善于政治方面的事情。曹丕的文采出众，熟稔政治方面的事情，且工于心计，善于收买人心。他笼络了曹操身边的许多大臣，被收买的人常常会在曹操身边说一些曹丕的好话。

不过，曹操更宠爱的则是三儿子曹植。曹植十多岁的时候，就能诵读《诗经》、《论语》及先秦辞赋，诸子百家也广泛涉猎。他文思敏捷，谈锋健锐，进见曹操时每被提问常常应声而对，脱口成章。加之曹植性情坦率自然，车马服饰不追求华艳、富丽，这很合曹操的口味。渐渐地，曹操有意将曹植立为世子。

由于在究竟该立曹丕还是曹植为世子上犹豫不决，曹操请来了谋士贾诩，想听听他的意见。不料贾诩见到他后却一言不发，曹操很奇怪，问贾诩在想什么。贾诩说："我正在想袁绍和刘表的例子。"曹操一下子明白了：袁绍和刘表都是在接班人问题上犹豫不决，选择废长立幼，引发了集团内部的矛盾，最终导致了覆灭的。于是曹操宣布：立曹丕为世子。这个困扰了曹操多年的难题终于得到了解决。

两征汉中，得而复失

建安二十年（215）三月，曹操见刘备已取得益州，而汉中是益州门户，"若无汉中，则无蜀矣"（《三国志·杨洪传》），刘备必然要攻取汉中。于是曹操抢先一步，率十万大军亲征汉中张鲁。四月，曹操自陈仓（今陕西省宝鸡市陈仓区）出兵散关（位于今陕西省宝鸡市），氐王窦茂凭恃险峻地势不愿归顺。五月，曹操击破窦茂。同一时间，金城（今甘肃省兰州市）诸将杀掉韩遂，将其首级献给曹操。七月，曹操大军进至阳平

曹休墓出土曹休私印（《洛阳孟津大汉冢曹魏贵族墓》）

关（位于今陕西省汉中市勉县）。张鲁的弟弟张卫和将领杨昂坚守阳平关，依山筑城，绵延十余里，曹操一时不能攻克，遂引军撤还。张卫的军队守备松懈，曹操立刻趁机攻击张卫，张卫连夜逃走。张鲁听说阳平关失守，逃往巴中（今四川省巴中市）。曹操进军南郑（今陕西省汉中市南郑区），尽获张鲁府库珍宝。十一月，张鲁出降曹操，汉中遂为曹操所有。十二月，曹操撤军，留下夏侯渊屯驻汉中。

曹操主力退出汉中后，益州的刘备向汉中发动进攻。建安二十三年（218），刘备亲率大军进至阳平关，夏侯渊等人与刘备对峙。最初，夏侯渊曾多次击退刘备军猛烈攻势。建安二十四年（219），刘备自阳平关南渡

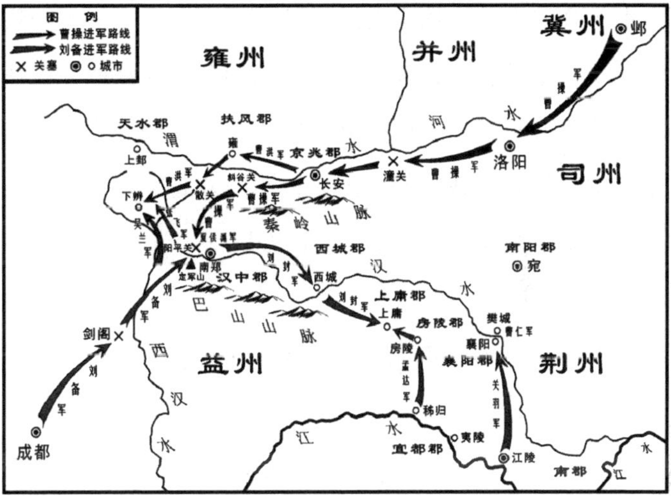

刘备攻占汉中战役示意图（《中国古代战争的地理枢纽》）

小贴士：鸡肋

据《九州春秋》记载，曹操打算放弃汉中，撤军回师，但一时难以决定。这时有人向曹操请示军中夜间的口令，曹操的答复是“鸡肋”。一时间大家都不知道这个口令是什么意思，只有主簿杨修开始收拾行囊。大家很奇怪，就问他为什么。杨修说：“鸡肋，食之无肉，弃之可惜。现在大王是用鸡肋来比喻汉中，所以我知道他一定是要撤军了。”

沔水（今汉水），依山而进，驻军于定军山（位于今陕西省汉中市勉县），夏侯渊出兵与刘备抢夺高地，被黄忠斩杀，曹军战败。曹操见汉中失守，立刻亲率大军来夺汉中，但是刘备坚壁不出，曹军与刘备军相拒数月而无果，曹操不得已，最终放弃了汉中。

拒不称帝，病逝洛阳

建安二十四年（219），曹操在汉中与刘备相持无果后，率大军从汉中撤往长安。此时，留镇荆州（今湖北省荆州市）的刘备大将关羽趁着襄阳、樊城（今湖北省襄阳市）兵力空虚，从荆州向其东南防线襄、樊一带发动了进攻。曹操闻知，立刻派于禁率兵救援樊城。八月，汉水流域天降暴雨，关羽趁机水淹七军，生擒于禁，斩杀庞德，并乘势进军，将樊城围住。当时，樊城的曹军只有数千人，城池被水淹没，水面距离城楼仅有数尺，守将曹仁死守，情势十分危急。曹操又派徐晃领兵去救樊城。十月，曹操从关中赶到洛阳，亲自指挥救援樊城。

这时，孙权因关羽位于长江上游，不愿任其势力发展，且他早有攻取荆州之心，于是联结曹操，准备派大将吕蒙偷袭荆州要地江陵（今湖北省荆州市江陵县）。曹操接到书信后，将这一消息通知曹仁，令他继续坚守，自己则进至摩陂（位于今河南省平顶山市郏县）临近指挥。他又派兵十二营增援徐晃，命他反击关羽。经过一场恶战，关羽败走。就在此时，吕蒙偷袭江陵得手。关羽不得已撤往益州，途中为孙权军擒杀。孙权将关羽的首级送到洛阳。至此，襄樊战役结束。

曹操在孙权擒杀关羽、取得荆州后，上书汉献帝，请封孙权为骠骑将军、荆州牧。孙权遣使入贡，向曹操称臣，并劝曹操取代汉朝称帝。曹操将孙权的来信遍示群臣，说："这个小子想把我放在炉火上烤嘛！"曹操手下群臣乘机向曹操劝进称帝。曹操则说："如果天命在我，我做周文王足矣。"周文王姬昌是商朝的诸侯。当时正值纣王统治时期，政治腐败，民不聊生。姬昌积善累德，推行教化，勤于政事，重视发展农业生产，广罗人才，大家纷纷投奔姬昌，据说归附他的人占到天下总人数的三分之二。但即便如此，姬昌仍没有讨伐商朝取而代之。终其一生，他都是商朝的臣子。曹操援引周文王姬昌的典故，也是意在说明自己无心取汉朝而代之，自己始终是汉朝的臣子。不过，周文王去世后，他的儿子周武王姬发继承王位，厉兵秣马，终于推翻了商朝的统治，建立了周朝。所以，曹操所说的这番话，或许也有暗示自己的继承者曹丕完成汉魏禅让事业的意思吧。

建安二十五年（220）正月，曹操还军洛阳。同月庚子日（3月15日），曹操在洛阳病逝，终年六十六岁，谥号“武王”，曾经叱咤风云的一代枭雄就此谢幕。根据曹操去世前留下的《遗令》，他于二月丁卯日（4月

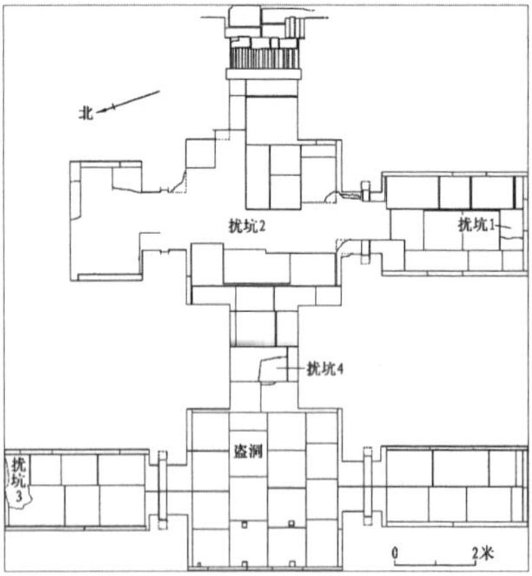

曹操高陵平面图（《河南安阳市西高穴曹操高陵》）

曹操高陵出土石牌，写有“魏武王常所用格虎大戟”字样（《河南安阳市西高穴曹操高陵》）

11日）被安葬于邺城西郊的高陵。曹操死后，其子曹丕袭封丞相、魏王官爵。黄初元年十月辛未日（220年12月11日），曹丕逼迫汉献帝禅位于己，改国号为魏，于同年十一月癸酉日（12月13日）追尊曹操为武皇帝，庙号太祖。

小贴士：安阳高陵

安阳高陵，又称曹操墓，位于河南省安阳市安阳县安丰乡西高穴村，占地面积约740平方米，始建于东汉建安二十五年（220）。安阳高陵由墓道、墓门、封门墙、甬道、前后主室和四个侧室组成，是一座多墓室的大型砖室墓，墓平面呈甲字形，墓葬坐西向东，是一座带斜坡墓道的双室砖券墓，斜坡墓道长39.5米，宽9.8米，最深处距地表约15米。墓室墓圹平面呈前宽后窄的梯形，东面最宽处宽22米，西面较窄处宽19.5米，东西长18米，墓圹面积接近400平方米。2010年6月11日，安阳高陵入选“2009年度全国十大考古新发现”之首。2013年3月5日，安阳高陵被中华人民共和国国务院公布为第七批全国重点文物保护单位。

第七章　水运建设泽后世

重视水运，大力兴修

曹操一生征战无数，或是为了输送军粮，或是为了便利交通，整治、开凿了许多水道。上文提及的睢阳渠、白沟、平虏渠、泉州渠、新河、利漕渠等都是曹操在北方兴修的水路。而除了北方，曹操也非常重视南方的水运建设。对巢肥运河的改造就集中体现了这一点。

《方舆胜览》书影

巢肥运河早在先秦时期就已开凿。据《方舆胜览》记载，古代淮河的支流肥水，源“出鸡鸣山，北流二十里，分而为二：其一东南流入巢湖，其一西北流二百里，出寿春而投于淮；

肥水、施水及其发源处运河图（《中国古代战争的地理枢纽》）

二水皆曰肥”。鸡鸣山是江淮之间分水岭淮阳山脉的北支，由此同源异流的两条水道，南边的支流施水（今南淝河）流入巢湖后，再经由濡须水入长江；北边的支流肥水（今东淝河）则出寿春（今安徽省淮南市寿县）注于淮。据《汉书·地理志》记载，西汉时期，位于巢肥运河沿线的重要城市“寿春、合肥受南北湖皮革、鲍、木之输，亦一都会也”，说明这时的巢肥运河已是一条沟通南北的重要水道。

曹操很重视这条水道的利用，早在建安五年（200），“太祖（曹操）方有袁绍之难，谓（刘）馥可任以东南之事，遂表为扬州刺史。馥既受命，单马造合肥空城，建立州治”（《三国志·刘馥传》）。刘馥在此兴修陂堨作为战备。此后魏、吴双方对峙，双方在巢肥运河沿线各据险防守。将谯作为大本营的曹魏水军，通过谯梁水道与巢肥运河相连，将居巢（今安徽省合肥市巢湖市）作为第一线，合肥作为第二线，寿春作为第三线；东吴则据守地势险阻的濡须山东关口（今安徽省合肥市巢湖市东南）之南的濡须坞，作为其桥头堡，与西关（今安徽省合肥市巢湖市东南）北岸的魏军前哨阵地对峙。双方征战频仍，如建安十三年（208）孙权亲率大军围合肥，不克。十二月，曹操使张辽、李典、乐进等率七千余人屯合肥。建安十四年（209）春三月，曹操“军至谯，作轻舟，治水军。秋七月，自涡入淮，出肥水，军合肥”（《三国志·武帝纪》）。建安二十年（215），孙权复率众十万来攻，张辽等以八百人大破之。建安二十四年（219），孙权复攻合肥，不克。这些都是其中比较著名的战役。

整个三国时期，合肥凭借巢肥运河军运之便，一直是魏吴相争的场所。仅《资治通鉴》记载发生于巢肥运河一线及其近旁的战役，即达二十二次之多。巢肥运河

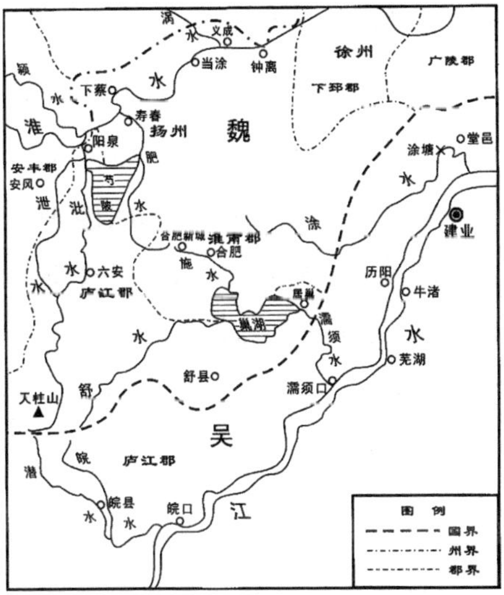

三国合肥地区形势图（《中国古代战争的地理枢纽》）

在战略上的重要地位，由此可见一斑。

不仅曹操本人，他的继任者们也继承了他重视兴修水利的特点。黄初元年（220），魏文帝曹丕定都洛阳以后，在蒗荡渠以南、以西一带的沙、洧、颍、汝之间先后筑渠，使淮河以北各支流得以沟通，形成一个新的运河网，既可以灌溉屯田，又兼具运兵运粮的作用。见诸记载的有以下几条渠。

其一，贾侯渠。黄初元年由时任豫州刺史贾逵所开，因而得名。《三国志·贾逵传》记载："遏鄢、汝，造新陂，又断山溜长溪水，造小弋阳陂，又通运渠二百余里，所谓贾侯渠者也。”《晋书·食货志》也说：“贾逵之为豫州，南与吴接，修守战之具，堨汝水，造新陂，又通运渠二百余里，所谓贾侯渠者也。”不过，这些记载均过于简略。此后的北魏郦道元在《水经注》中写道：“昔贾逵为魏豫州刺史，通运渠二百里余，亦所谓贾侯渠也。而川渠迳复，交错畛陌，无以辨之。”表明至迟到北魏时贾侯渠的方位已经难以确定。尽管如此，考虑到此段文字在《水经注》中位于沙水“东南过陈县北”和“又东迳长平县故城北”两段之间，而曹魏时的陈县在今河南省周口市淮阳区，长平县在今河南省周口市西华县之北，因此从地望上看，贾侯渠的故道似在沙水西南，纵贯南北，与洧、颍相通。

《读史方舆纪要》书影

其二，讨虏渠。黄初六年（225）三月，魏文帝曹丕“行幸召陵，通讨虏渠”（《三国志·文帝纪》）。之所以叫讨虏渠，当然是因为这条水道是为通漕淮南、便利伐吴而开凿的。

小贴士：《读史方舆纪要》

清初地理著作，由顾祖禹撰成。全书共一百三十卷。首为历代州域形势九卷，记述历代王朝的盛衰兴亡和地理大势；次为明代两京一十三布政使司一百十四卷，分叙其名山、大川、重险，所属府、州、县及境内部分都司卫所的疆域、沿革、古迹、山川、关津、镇堡等，并记载其地发生的历史事件，考订其变迁，剖析其战守利害；再为川渎异同六卷，专叙禹贡山川的经流源委及漕河、海道；末为分野一卷。另附《舆图要览》四卷，内容有两京十三布政使司、九边、黄河、海运、漕运及朝鲜、安南、海夷、沙漠等图。全书参考历代正史、总志及地方志书达百余种，集明代以前历史地理学之大成，在当时即被誉为“数千百年所绝无仅有之书”。

据《读史方舆纪要》记载，“讨虏渠，在县东五十里。曹魏黄初六年，幸召陵，通讨虏渠，谋伐吴也”。召陵在今河南省漯河市召陵区，其渠道当在今召陵、商水之间，为沟通颍、汝的水道。

其三，广漕渠。魏齐王曹芳即位之初，司马懿想要广开田地，为战争做准备，于是“使（邓）艾行陈、项

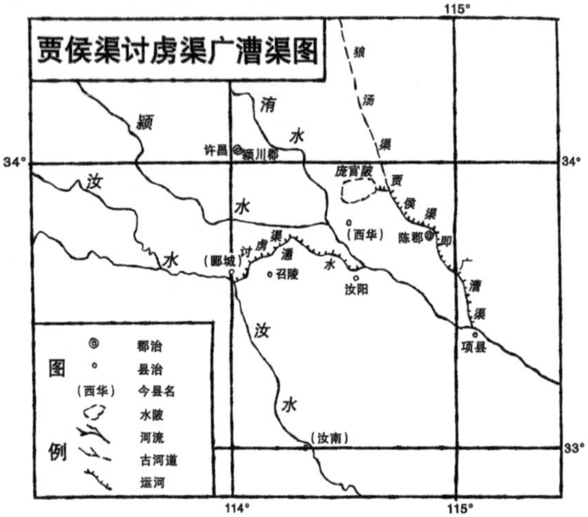

贯侯渠、讨虏渠、广漕渠图（《中国的运河》）

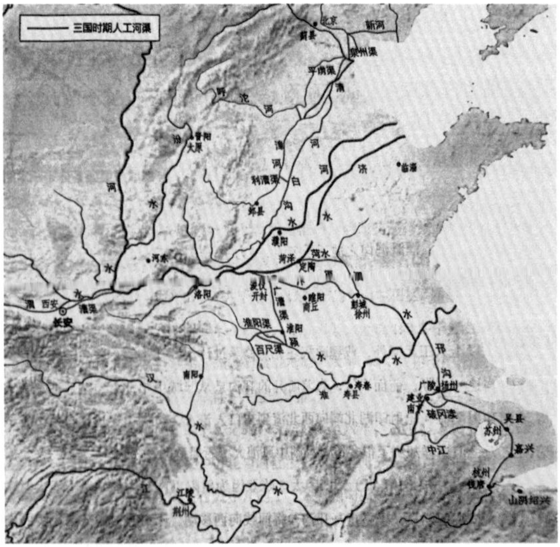

三国时运河示意图（《运河王朝：从东周到明清》）

已东至寿春。艾以为田良水少，不足以尽地利，宜开河渠，可以引水浇溉，大积军粮，又通运漕之道”，“乃开广漕渠，每东南有事，大军兴众，泛舟而下，达于江淮，资食有储而无水害，艾所建也”（《三国志·邓艾传》）。这条渠的具体河道现已不可考。

以原有的水道为基础，配合新营建的几条水道，短短几十年间，曹操和他的继任者们就逐渐在淮水流域建立了一个新的运河网。

发展经济，泽被后世

曹操治理或开凿的这些运河，直接目的是服务于他统一北方乃至统一全国的事业。不过，所谓“功在当代，利在千秋”，这些运河的意义绝不限于一朝一代，而是泽被后世，影响至今。

一方面，曹操开凿的这些运河，对于促进我国南北交通，特别是日后大运河的兴建发挥了巨大的作用。

两汉时期，黄河走东流泛道，沿着今天的大清河经山东省东营市利津县流入渤海。华北平原上的河流，大体也以黄河为脊轴分南北两部分。南部的淮河水系呈西北—东南向，由泗水入淮或直接入淮；北部的河流则呈西南—东北向，大多独流入海。河流分布的这种格局，造成平原上南北交通的不便。但同时，众多的河流也为南北交通的开辟提供了有利条件。曹操利用平原上河流交错纵横的特点，采取开凿新河、疏浚旧河相结合的措施，既省工，又省时，在短时间内将不同的水系和河流连接起来，在大平原上开辟了一条纵贯南北的航道。虽然这条航道并没有维持很久，但对统一北方和我国后世南北交通的发展影响很大。此后，这些水道又成为隋代南北大运河开凿的基础。曹操治睢阳渠、浚睢水，恢复了西汉以来一度中断了的黄淮间的交通。睢水以后虽屡塞屡疏，但成了隋代南北大运河南段“通济渠”的前身。“遏淇水入白沟”下接清河，这是隋代大运河北段“永济渠”开凿的基础。此后白沟又经过历代的修治，到了明清时，演变为今天的卫河。这样一条南北交通大动脉的形成和发展，都渊源于曹操开凿的运河。毫无疑问地说，曹操可谓今天北方大运河的开拓者。

另一方面，曹操开凿的这些运河对于今天海河水系的形成也有重要的意义。今天华北大平原上北部的河流，汇集在天津入海，这就是海河水系。海河水系的形

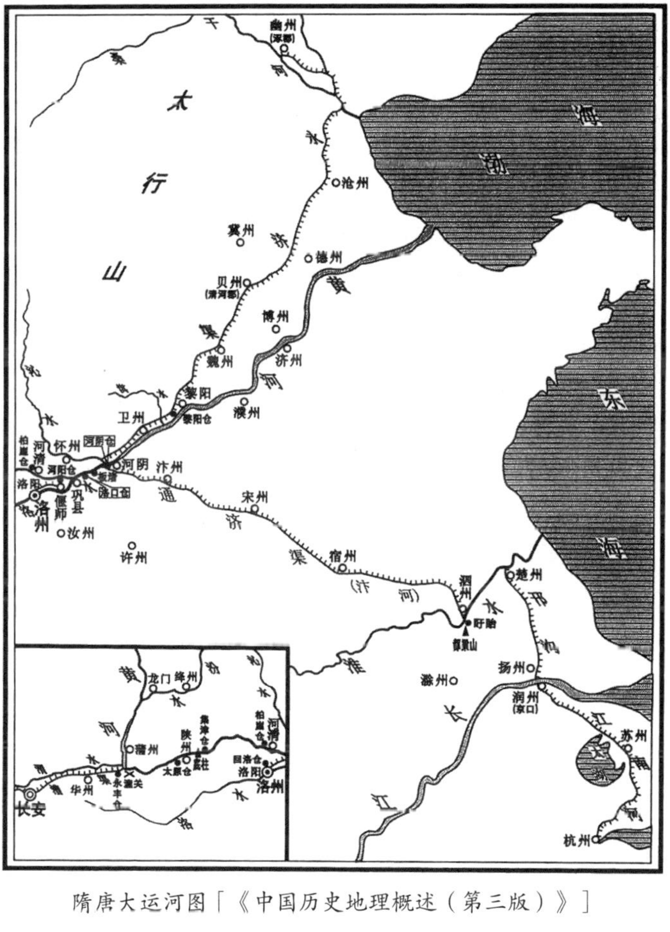

隋唐大运河图［《中国历史地理概述（第三版）》］

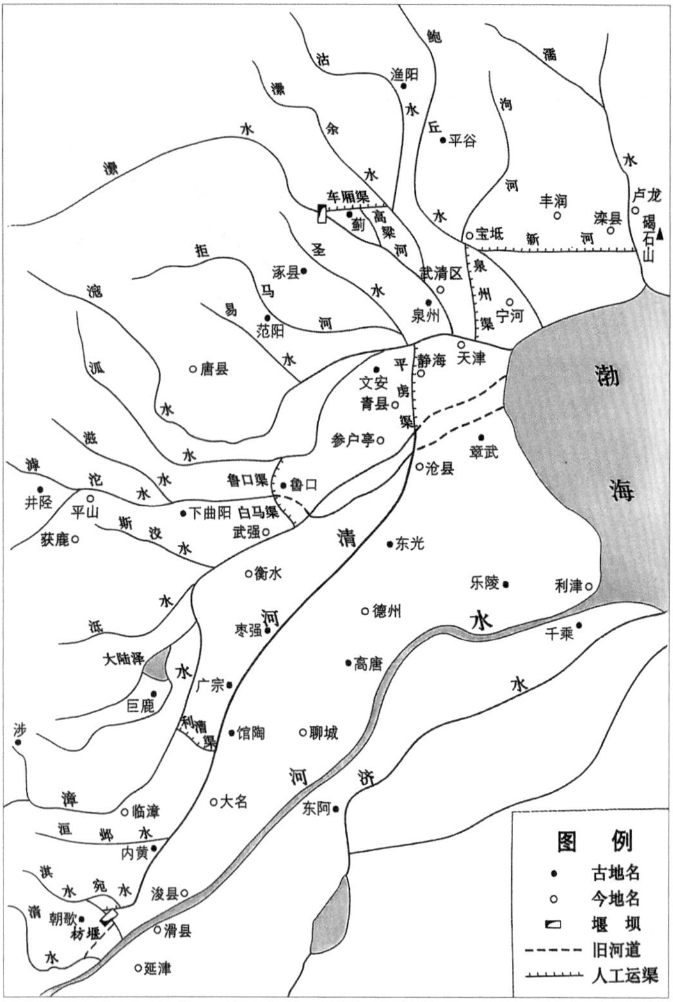

三国时期海河流域水系及水利工程分布示意图（《中国河湖大典：海河卷》）

成大约在西汉至三国时代。如上所述，汉代的黄河流过今浚县的黎阳三山，而海河各条河流并不同属于一个水系。南部的漳水、淇水、洹水等注入黄河，属黄河水系。北部的永定河（漯水）、滹沱水、泒水等大都独流入海。当黄河迁徙时，它们则往往成为黄河下游入海之道。东汉以后，黄河继续南徙。其他河流逐渐在下游汇合入海。

东汉建安九年（204），曹操遏淇水入白沟，下游接清河。建安十八年（213）又开利漕渠，引漳水注白沟，以通河。淇水、白沟、清河合流入海，成为今天南运河的前身。利漕渠在今河北省邯郸市曲周县南引漳水至今河北省邯郸市馆陶县西入白沟。此渠不久虽废，但从此开辟了漳河南支的历史，其一度成为漳河的主流，故道遂断。“献帝建安十八年，魏太祖凿渠引漳水东入清（水）洹（水）以通河漕。名曰利漕渠，漳津故渎水断溪东北出。涓流灌注而已。”（《水经注》“浊漳水条”）隋、唐时代。这条人工渠道逐渐演变为漳河的一支。到了清代。漳河完全形成了今天的格局，这是海河水系形成的第一步。其渊源即可追溯至东汉末年曹操开凿的利漕渠。

建安十一年（206），曹操开凿平虏渠，在今河北省衡水市饶阳县西引滹沱河北注泒水，又将滹沱河的一支从饶阳城南，循饶河故道引入新河。由此滹沱河、滋水折而向北流，与泒水汇合，以后泒水又与北面的滱水（即今唐河）、拒马水等合流，在天津附近入海，形成了众水汇流归海的景象。至此，大清河水系已经形成。这就是《水经注》所指的“清河者，派尾也”。海河水系进一步形成。

渤海湾北岸的众多河流在《水经》成书以前均独流入海。其中沽河从今蓟运河入海，鲍丘水走今箭杆河入

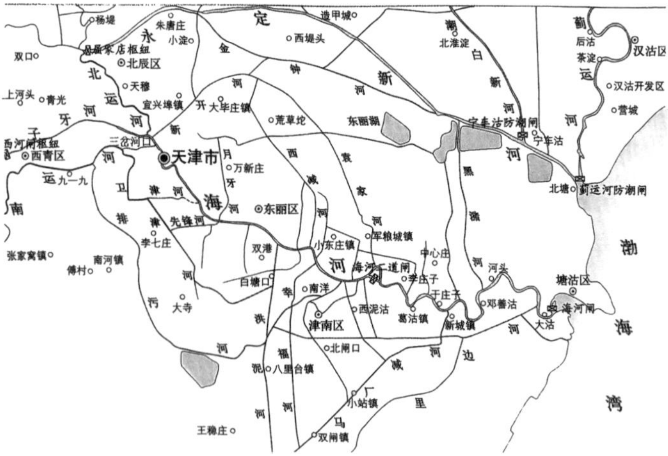

海河干流水系示意图（《中国河湖大典：海河卷》）

海。建安十一年（206），曹操开凿泉州渠，从沟河口凿入潞河以通海，又自泉州桑北口开新河，横贯沟河、庚水、巨梁水，向东到达濡水，使这几条原来独流入海的河流汇合后流入大清河，也加入了海河水系。这样，今天的海河水系分南北两大系的格局基本形成，而这也与曹操开凿运河密切相关。

千年运河，焕发新生

绵延近3200公里的中国大运河，至今已有2500多年历史，是世界上规模最大、线路最长、延续时间最久的运河。从春秋时代吴王夫差开凿邗沟沟通江淮以北上攻齐，到秦始皇为“南巡”江南而开凿京口至丹阳的曲阿河；从曹操为统一北方而疏浚、开凿睢阳渠、白沟等华北运河，到东晋谢安、谢玄叔侄疏浚苏北运河并筑邵伯埭以蓄水利航；从隋唐帝国构建起以长安、洛阳为中心的南通余杭、北抵涿郡的大运河，到元朝通过对通济渠、永济渠等水道进行截弯取直，终于形成今日的京杭大运河；在中华文明漫长历史演进的过程中，大运河见证了王朝的兴替和文明的发展。作为中国古代南北交通的大动脉，同时也是世界上跨越纬度区最多和线路最长的运河，大运河是流动的文化，更是流动的历史。它的建造和不断完善，顺应历史、呼应时代，其自身的历史延续性和空间连续性，就是中华文明连绵不绝、生生不息的绝佳印证。

2014年6月22日，中国大运河在第三十八届世界遗产大会上被正式列入《世界遗产名录》。2020年11月13日，习近平总书记在扬州考察时指出，“古运河还要重生”，“千百年来，运河滋养两岸城市和人民，是运河两岸人民的致富河、幸福河。希望大家共同保护好大运河，使运河永远造福人民”。总书记的殷殷嘱托，大家时刻铭记在心。2023年9月20日，习近平总书记在浙江考察时再一次强调，大运河是世界上最长的人工运河，是十分宝贵的文化遗产。大运河文化是中国优秀传统文化的重要组成部分，要在保护、传承、利用上下功夫，让古老大运河焕发时代新风貌。

2024年5月，在北京大运河博物馆，“京华通惠　运河永济——北京与大运河历史文化陈列”正在展览中。其中有一件宫廷乐舞人画像石特别引人注目。这件画像石出土于河南省安阳市曹操高陵，是整个曹操墓中所出

曹操高陵出土宫廷乐舞人画像石（新华社）

土的众多画像石里画面堪为上乘的一件，学者们推测其当为墓室墓门的一部分。为何在一个运河历史文化展中会展出这样一件文物呢？这正是对曹操这位大运河早期开拓者的一种纪念。事实上，不仅仅是北京，在中国各地，大运河博物馆、大运河文物展、大运河主题文化活动……越来越多与大运河文化有关的事物如雨后春笋一般不断涌现。我们相信，在新时代的伟大征程中，这些古运河必将继续发挥重要作用，为中华文化的传承和创新作出更大的贡献。

参考文献

1.〔西汉〕司马迁撰，〔南朝宋〕裴骃集解，〔唐〕司马贞索隐，〔唐〕张守节正义：《史记》，中华书局 1959 年版。

2.〔东汉〕班固著，〔唐〕颜师古注：《汉书》，中华书局 1962 年版。

3.〔南朝宋〕范晔撰，〔唐〕李贤等注：《后汉书》，中华书局 1965 年版。

4.〔晋〕陈寿撰，〔南朝宋〕裴松之注：《三国志》，中华书局 1959 年版。

5.〔唐〕房玄龄等撰：《晋书》，中华书局 1974 年版。

6.〔北宋〕司马光编著，〔元〕胡三省音注：《资治通鉴》，中华书局 1956 年版。

7.〔北魏〕郦道元撰，陈桥驿校证：《水经注校证》，中华书局 2007 年版。

8.〔南宋〕祝穆撰，〔南宋〕祝洙增订，施和金点校：《方舆胜览》，中华书局 2003 年版。

9.〔明〕王圻：《三才图会》，明万历刻本。

10.〔清〕顾祖禹撰，贺次君、施和金点校：《读史方舆纪要》，中华书局 2005 年版。

11. 朱偰编：《中国运河史料选辑》，中华书局 1962 年版。

12. 武汉水利电力学院、水利水电科学研究院《中国水利史稿》编写组：《中国水利史稿（上册）》，水利电力出版社 1979 年版。

13. 郭沫若主编：《中国史稿地图集（上册）》，中国地图出版社 1996 年版。

14. 史念海主编：《西安历史地图集》，西安地图出版社 1996 年版。

15. 中国人民革命军事博物馆编：《中国战争史地图集》，星球地图出版社 2007 年版。

16.《中国河湖大典》编纂委员会编著：《中国河湖大典：淮河卷》，中国水利水电出版社 2010 年版。

17.《中国河湖大典》编纂委员会编著：《中国河湖大典：海河卷》，中国水利水电出版社 2013 年版。

18. 邹逸麟编著：《中国历史地理概述（第三版）》，上海教育出版社 2013 年版。

19.［日］金文京著：《三国志的世界：后汉、三国时代》，何晓毅、梁蕾译，广西师范大学出版社 2014 年版。

20. 王绣、霍宏伟著：《洛阳两汉彩画》，文物出版社 2015 年版。

21.［日］堀敏一著：《曹操》，张恒怡译，北京联合出版公司 2019 年版。

22. 姜师立著：《运河王朝：从东周到明清》，中国地图出版社 2021 年版。

23. 史念海著：《中国的运河》，山东人民出版社 2022 年版。

24. 宋杰著：《中国古代战争的地理枢纽（修订版）》，北京科学技术出版社 2022 年版。

25. 陈代光：《曹操开凿运河及其影响》，《中原地理研究》1982 年第 1 期。

26. 黄盛璋：《曹操主持开凿的运河及其贡献》，《历史研究》1982 年第 6 期。

27. 河南省文物考古研究所、安阳县文化局：《河南安阳市西高穴曹操高陵》，《考古》2010 年第 8 期。

28. 洛阳市第二文物工作队：《洛阳孟津大汉冢曹魏贵族墓》，《文物》2011 年第 9 期。

29. 何德章：《“赤壁之战”的史源及性质诸问题》，《许昌学院学报》2016 年第 3 期。